目录

1

15 岁出门远行

我尝试紧闭双眼，屏住呼吸，同时握紧手里那把铁锹，狠狠地一铲。

炉灰松动了，炉火一闪，手背的皮肤被烧得发紧。我努力睁眼，眯成一条极细的缝，勉强看准了铁桶的位置，眼疾手快地把炉灰铲进去。噗的一声，滚烫的炉灰翻腾起来，我的眼睛登时感到一阵火辣辣的灼烧。我的鼻腔里吸入了大量煤灰，呼吸也乱了。我只好硬起头皮，横竖又是一铲下去：噗、噗、噗……

炉灰越是被铲走，炉火就烧得越旺，好像能烧透我的一层脸皮。我没办法继续憋气了，鼻腔又堵塞，只好急促地张口，囫囵吃了不少灰进嘴里。直到我铲出来满满两桶炉灰。

我拎起两个铁桶往外走，倒进垃圾桶，又回来趴在炉子跟前儿，试图把剩余的边角也清理干净。我能感觉到吸满了煤灰的黑色汗水在往眼睛里流，蜇得生疼。

眯缝着眼睛，我用余光瞄了一眼老板，他看起来很满意。

我被留了下来。

在监利县城里的一个小餐馆打杂，这算是我的第一份工作——我对此很感激。那年我16岁。

1974年腊月十八，我出生在湖北监利县的农村。在我最早的记忆中，我们住的是“壁子屋”。长江两岸多生芦苇，人们将芦苇的梗捆起来，一根一根捆扎成草房子，就成了我们说的壁子屋。壁子屋的成本很低，只不过大风刮来了会摇摇欲坠，一把火来了顷刻间被烧成灰，下雨天则会四处漏雨，漏得没有地方落脚。

不知道为什么，在村里经常会听到有人去世的事情。我常常听大人说这个人吊颈死了，那个人喝农药死了。这也导致我小时候很怕鬼，天一黑就要赶紧睡觉。我们的壁子屋上有个大洞，大得一头牛都能随意走进来，一直没有补起来。夜里，鸡鸣声、狗吠声、农田里呼呼的风声都会放肆地闯进屋子里。闭上眼睛之后，我的胸口会因为这些格外清晰的响动而怦怦直跳，我害怕会有死去的鬼魂把我捉走。

我在8岁时住上了砖头房。那些砖头是父亲用河里的稀泥巴一块一块烧出来的，烧了三年多，烧成了两万多块砖。父亲又亲手把这些砖头垒成了我们的新房。父亲是富农的儿子，也曾因此被绑起来游街，在村里总是挨欺负。一家人住进这间砖头房后，父亲似乎在村里终于抬起了头。

我已经上小学了，从新家去学校要走两公里泥巴路。晴天和夏天是最好的，因为雨天我经常摔得浑身淌泥巴，而冬天我没有

袜子。除了语文和数学课本，我还有一本哥哥姐姐们用过的旧字典。他们传给我用时，字典里很多页已经遗失了。

当时，我不明白的是，父母每日早出晚归地劳作，家里却并不是总有足够的食物。记忆中，过年之前母亲经常会去跟舅舅借米，等到第二年有了收成再还回去，这样我们才能挨过这个年。

有一天夜里，我睡得迷迷糊糊，忽然听到了一些奇怪的动静。我以为是鬼，吓得惊醒过来，从被子里偷偷地探出头。只见一个熟悉的身影正从门外悄悄走进来，原来是母亲。那是半夜三四点，屋外下着鹅毛大雪，风声呼啸如鬼哭。母亲背后是一片幽深的黑夜，为她照明的似乎唯有雪片儿。她卷着衣袖和裤脚，手腕和脚踝裸露在外，手里还拎着一个蛇皮袋子。

我吃了一惊，心想：她半夜三更在做什么呢？

她小心翼翼地将蛇皮袋放在桌上，有东西从袋口窸窸窣窣地掉出来。我定睛一看，竟然是几棵菜薹。我忽然意识到，母亲去田地里偷了一袋菜回来。

母亲接着把她卷起来的裤脚放下来，坚硬的雪块也跟着掉落，摔在地上噼啪作响。雪块砸在地上发出的那种细响，过了很多年我都无法忘怀。那是母亲在地里奔跑时卷进去的雪。

大概是在那个冬夜，我第一次萌生了一种想要离开的愿望。父亲种了一辈子地，累驼了背，家里却常常没有饭吃。母亲除了去借，被逼无奈还学会了去偷。在那种伸手不见五指的雪夜，有人冻死在外面都很难被发现。她只敢选在这样的夜晚去偷，这其实不是怯懦，而是作为母亲的勇敢。只不过她把自己的性命看得

太轻，把菜薹看得贵重罢了。

我拒绝重复这样扭曲的命运。

小学毕业后，我又跟着一个远房舅舅读了两年书。舅舅是“文革”后被平反释放出来的，他确实有些文化，奈何我和“文化”这东西“井水不犯河水”。《三字经》《百家姓》和《弟子规》，这些学问在当时都很难帮助我吃上饭。我想学一门有用的手艺。

15岁那年，借着一个表哥的关系，我终于得以离开我的村庄，在县城里当上了汽修学徒。那是我第一次出门远行。但是很快我就发现，短期内我也很难实现靠当汽修工谋生。6个月后，我决定转战到餐馆，至少在餐馆我总能填饱肚子。

白天我在汽修店，晚上我就偷偷溜出去在街上游荡。很快，我看准了一家刚开业的餐馆，里面人来人往，生意很火爆。我壮着胆子走进去，问老板“这里需不需要人做事”。

老板问：“你会做什么？”其实我什么都不会，但是我说自己什么都会。

老板一刻不停地忙活，顺手指着餐馆的炉子大声说：“那先把炉灰都扒掉。”

于是便有了开头的那一幕。我从来没有扒过炉灰，不过这事儿并不难，只是一般人不愿意干。我把炉灰扒得干干净净，顺利得到了我的第一份工作。离开家的时候，我只是想学一门能够让自己吃上饭的手艺。只不过我没有想到这门手艺会是扒炉灰。

我非常勤快，什么事都愿意干，手脚从不歇着，老板也因此很喜欢我。可惜半年之后，他的生意就倒闭了，我并没有拿到一

分工钱。

17岁那年，我开始琢磨自己单干。我的第一次尝试是在夜市摆摊儿。我在街上随便找了块空地，四处借来了两张桌子、几个凳子。夜里，我把各种调料都一一摆出来，又做了一些简单的卤菜摆出来，看起来像模像样了。这时，黑夜里忽然冲出来几个陌生人，他们没有和我说什么，到我的摊子上就狠狠地砸，把碗筷、桌凳、瓶瓶罐罐的调料和卤菜都砸得稀巴烂。

我的脑子一片空白，只有站在路边，抑制不住地哭号起来。

我的动静引来了附近的过客，大家渐渐围过来，开始议论纷纷。有人叫了警察。许多人为我愤愤不平，可怜我还是个孩子。

众怒难犯，他们最后赔偿了150块。后来我才知道，这块地是他们曾经摆过夜宵摊的，他们以为我要来抢地盘。我的第一次“创业”就这样草草收场了。

很长的一段时间里，我在街头游荡，无所事事地混饭吃。我什么也不敢做了，感到这个城市可怕极了。有时候我觉得一切都很不公平，有时候又觉得一定是自己非常愚蠢，是我把社会想得太单纯，把生活想得太简单。

如果活下去真有这么简单，能让我一个什么都不懂的小孩轻易吃上饭，谁还会选择弯着腰日夜种地？谁会选择在雪地里偷菜？谁会选择吊颈？谁会喝下一瓶农药？

夜晚变得像我儿时那样充满未知的危险，黑暗中似乎随时会有怪物冲出来，张开血盆大口，露出我从未见过的獠牙，刺穿我，折断我，三两下就把我撕成碎片。

我一度被自己生长在其中的县城夺走了勇气，可是几个月后，我又带着一股无名的怒气，壮着胆子跑到了更加陌生的武汉。

那年，我 17 岁，孤身一人，手中空空如也。

我在武汉的江边漫无目的地走，沿江走了七八公里，不知道何去何从，也不知道该做些什么。可是再迷茫，我也确信一点，我决不回头。

深夜，我走进路旁的一家医院。里面静极了，偶尔有护士走动，灯光也昏暗。我找了一张长椅躺下，蜷缩起来，闭上双眼。药水的气味缓缓钻进鼻端，让白天发生的一切变得模糊而遥远，我在那种气味里酣然入睡。后来，我在武汉生活了整整 6 年，一直没有一个固定的居所，医院的椅子成了我时常光顾的睡处。这里可以为我遮风挡雨。一觉醒来，我会变得生龙活虎，精力充沛，什么也难不倒我。

第二天，我又找到了一家餐馆。这家餐馆档次高一些，我走进去就像一个流浪汉。

我立刻被人喝住："你干什么你！"他以为我要乞讨。

我说："你们这里需要人做事吗？我什么都会做。"

这时我又听到了一句很熟悉的话，那人说："那快把炉子灰都扒出去。"

我的这门手艺是值得信赖的。我果然被留下了，工钱是一个月 180 块。我在这家餐馆做了半年，回家过年之前，老板把工资都给我了，甚至多给了几十块。他说我一个人做事顶几个人，还叮嘱我过完年要早点回来帮忙。

年还没有过完，我就回到了武汉，但我并没有回到餐馆。那时刚刚改革开放，越来越多的农村人进城打工。我发现武汉街头什么生意都很红火，而我手里也终于有了一点小钱。

我在人和街看准了一家店铺，打算搭老板店里的墙角做包子卖。仅仅一个小角落，租金一个月是 300 块。我从家里带了米、面粉、油、锅，还请了母亲来帮我卖包子。那时候没有蒸笼，也没有任何机器，几乎无需成本，包子、馒头都卖两毛一个。

我计划一年能赚 1 000 块就好了，结果那一年我赚了两万多。

在 1992 年，两万是个异常惊人的数字，这个数字轰动了整个村子。很多老乡听说我在武汉做生意赚了钱，也开始大批大批地跑来武汉做包子。他们不知道的是，我做了一年多生意，连床都没有睡过一次。白天我在案板上揉面，晚上就在案板旁边睡觉。总是晚上九十点睡下，半夜一两点起床。母亲则每夜睡在一张椅子上，歪着头，仰着脸。

那时候，大哥已经患上了肝病，并因此欠了债。这种病治不好，只能花很多钱让病情稳定。大哥来武汉求医时，我在医院见过他，他的面容十分憔悴。那一年我挣的钱基本上都给了大哥，自己留了两三千块。

二哥在农村种地、喂牛和喂猪。他有老婆，还有两个孩子，负担太重了。我又把二哥叫到武汉，把我的小店让给他，教他做包子，并安排母亲帮他售卖。

就这样，我 19 岁了。

20世纪80年代以来，当中国社会进入快速社会转型时期，出现在中国广袤的农村地区的一个最为声势浩大的现象就是农民进城——农村人口大量向城镇转移，农业就业人口不断减少。最初是“离土不离乡，进厂不进城”的就地向乡镇转移，后来则是“离土又离乡，进厂又进城”的自发性大规模进城务工经商……新中国农民进城的历史实际上是一部国家关于农民自由迁徙权、自由择业权等众多进城权利的制度变动史。

——《农民进城——处于传统与现代之间的中国农民工》，

蔡志海，2006年，华中师范大学博士学位论文

2

她相信，我也相信

我也尝试过做其他生意，比如在武汉大夹街开服装店。可是服装的潮流款式一直在快速变化，我完全就是外行，很快就把手里的一点儿钱都亏光了。我只好又在大夹街附近找了一家面馆，租老板的一个小角落继续卖包子。

有一天，我正在做包子，面馆走进来一个人，问了老板一句话："你们这里需要人做事吗？我什么都会做。"

我太熟悉这句话了，于是抬头看了一眼，那是个很年轻的姑娘，有着小动物般柔弱的眼神。我一看就知道她和我是同一类人。为了给农村的父母减轻负担，孤身一人来到大城市，整日在街上东奔西跑，只想找个地方谋一口饭吃。

这时候老板居然说道："好啊，来帮我把炉灰扒出去。"

我暗暗笑了，也第一次体会到了什么叫"同病相怜"。

后来我才知道，这个女孩叫彭四英。

那年，我20岁，她18岁。我们年龄相仿，经历相似，很快就有了说不完的话。对于我的奇思妙想，她总是觉得这个也可以，那个也特别好，什么都听我的。

包子店的生意不景气，我们便四处辗转，尝试做各种小生意。我们摆过地摊，也推着三轮车卖过臭豆腐。我曾经在汉正街找了一块空地，铺上床单，往上面堆满袜子，还学会拿着一个大喇叭喊："10块钱4双袜子随便挑，10块钱4双袜子随便挑！"

那个时候"10块钱4双"这种卖法是很少见的，大喇叭也吸引了很多人来挑袜子。彭四英觉得我很有头脑，不用租门店也能赚到钱。可惜不知道是因为袜子有季节性，还是人们渐渐想明白了10块钱4双并不是很便宜，我的袜子生意也渐渐结束了。

有段日子，我想到武昌有很多大学生，又琢磨着卖音乐磁带。我依旧将床单铺在地上，往上面堆满磁带，也卖10块钱4盒。我摆了一个录音机在地上，每天大声播放黄家驹、梅艳芳或邓丽君的歌曲。不少大学生被他们的歌声吸引过来，都觉得这磁带真便宜。

生意不好做的时候，我总是在武汉的大街小巷里四处走走，观察别人是怎么做生意的。为什么有的面馆无人问津，有的面馆门口会排起长队？为什么一样的食物，有的店只能卖得很便宜，有的店却可以卖到双倍的价格？有一回，经过在街上的长期观察和思考后，我决定开一家炸鸡店。四英对我的新主意全然赞成，撸起袖子就要开工。

开张当天，除了炸鸡必备的材料，我还从市场上买来很多调

料。将老抽、生抽、醋、芝麻酱、花生酱、孜然粉、辣椒酱、蒜蓉等，都用雕花杯子装起来，打造成“祖传秘方”，在炸鸡的桌子上成一字摆开，显得很特别。我还用毛笔在一张红纸上现场表演写字，写下“上海爆炸鸡”几个大字，像煞有介事地挂在门口。我现炸现卖，故意弄出很大的动静，店里喇叭声、炸鸡声、吆喝声不断。那条街有很多外来务工者，人流量很大。顾客开始来我的炸鸡店排长队，很多不买炸鸡的人也会在附近的花台上围观，就为了看看热闹。有一天，一个领导打扮的人物跑到我的店里，很不客气地指责我任人踩坏他们的花。我表面上赔礼道歉，点头哈腰，内心却乐开了花。这就是我想要的效果。如果放到今天，我的炸鸡店可能就是所谓的“网红店”吧。

然而，人们的生活节奏越快，注意力转移得也越快。和上海没有任何关系的“上海爆炸鸡”仅仅在武汉火了很短的一段时间，人们就不再对此感到新奇。那个时候我也意识到，餐饮行业没有什么捷径，只有真正的手艺和品质才能走得长远。

1995 年，三峡工程的建设开始了。我和很多人一样，听说了国家政策之后，赶紧跑到三峡去谋生。我们相信，这里一定会有很多商机，十多年之后这里一定会高楼林立。我们都怀着梦想来到三峡，买了油布搭棚子，像占领山头一样纷纷驻扎在山顶上。山上没有电，没有水，我只能点蜡烛，从山下很远的地方提水来用。

我琢磨着这里来了这么多人，大家都是要吃饭的，就想试着运一些菜来卖。我想办法租了一辆车到几百千米外的宜昌，在农地里现买了一车菜运到三峡。可是当时这里的管理并不完善，我

的车一进山，菜竟然被人一哄而上地抢走了。

夜里，我在油布棚子里睡觉，山上大风呼啸，刮得棚子响动不止。睡梦中，外面有人开始争吵，接着是多人斗殴的声音，愈演愈烈，灌满了黑沉沉的夜。那些陌生的喧嚣像流水一样钻进我的油布棚子，将我托了起来。在半梦半醒中，我感觉到自己正向未知的地方漂流。我在梦中一阵惊慌，害怕自己再也回不到家乡。

醒来后，我决定不在这里硬撑下去，还是要过安稳的生活。我又回到了武汉。这期间，我们辗转经营了好几个店铺，生意都不太好。

1997 年腊月十八，我满 23 岁那天，正是我和四英结婚的日子。

我们只喊了一些亲戚朋友来吃饭，仪式办得很简单，因为我手里没什么钱。四英却觉得我很实在，有头脑，有上进心，什么都敢尝试，也不会伸手向父母要钱。她相信我以后一定能改变命运。

“改变命运”，她相信，我也相信。

1998 年九月十六，在应城蒲阳医院，四英生下了一个女孩。五斤二两，小得只有两个拳头大，哭声也很细弱。我大哥有两个儿子，二哥也有两个儿子，她是孙家第一个女孩，全家上下都为这个小公主的到来感到高兴。四英给她取名叫“悦”，寓意喜悦，希望她会是一个幸福快乐的孩子。

结婚生子之后，我的担子更沉了。为了保障孩子的生活，我必须把生意做好。

我开始反思：为什么 18 岁那年在人和街的成功再也无法复

制？更何况，我做包子那么多年，手艺一直在进步，也渐渐用上了和面机、打面机、蒸汽炉、煤气灶等家电。酵母和泡打粉的出现更是能让我把包子做得又白又松软，看起来就很好吃，这和1992年我做的纯手工包子已经完全不同。我推测，或许是因为在武汉这个包罗万象的大城市里，我的包子缺乏竞争力。如果能去到小城市，我的手艺是不是反而能脱颖而出？

带着这个猜测，我去过湖南常德及其下辖的汉寿县，又跑到四川达川，结果却总是入不敷出。我必须找到一个更小的地方。在很长一段时间里，我不断坐火车从一个地方到另一个地方，到处寻找适合落脚的小城。那个时候人口流动性非常大，无数农村人离开家乡到外地谋生。火车总是拥挤不堪，人潮涌动，上下车几乎都要从别人的头顶上跨过去。

最后，我找到了湖南永顺，这个县城天黑了没有路灯，最高的楼房只有六层。本地人做的包子像石头一样灰乎乎、硬邦邦。就是这里了。我将店铺选在永顺中心市场门口。如果说这个市场是县城的喉咙，我的包子店则是市场的喉咙。每一个永顺人到城里来买菜，都要经过我的店铺。对于要来这个偏僻的小县城生活，四英依然没有提出任何异议。我心里反而有点打鼓：难道每一次她都相信我做的决定就是最好的吗？

我去永顺客运站接四英的时候，她手里抱着3个月大的孙悦，还抱了七八个大蒸笼，带着被子、床单和行李箱，蒸笼里还放着各种用具，包括一把切菜用的刀。这里不通火车，人只能在各个小城之间转来转去，难以想象她是怎么一个人从那么远的地方就

这样来永顺的。那时我又有了不一样的答案。

也许她并没有用“好不好”来仔细衡量我的每一个决定，她对我的信任并不在于某一次成功，不在于是袜子、磁带，还是炸鸡，她信的是我能用这双手握住命运。她认为我有这种能力，所以把她自己的命运也全心全意地交到我手里，让我帮她握住。

我在永顺做了仅一年，就在监利县城里买了一块地皮，建了一栋四层的楼房。这件事又一次轰动了监利县。四英告诉我，她小时候曾有一个算命先生给她算命，说她的命好，“以后会有楼房住”。看着崭新的楼房、洁白的瓷砖和窗外明净的天空，那一刻，我们都相信，我们的命运已经完全改变了。

2003 年腊月初七，在永顺人民医院，四英生下了我们的第二个孩子。这个男孩生出来就有 8 斤，还会对我挥舞他的小拳头，看起来就很有气势。

这一次由我来取名，我提出一个“正”字，母亲说不行，男孩要取一个上下出头的字，要出人头地。我又查了很久字典，想到我的孙悦，想到“卓越”这个词有出人头地的意思，而“卓”字的字形正巧上下出头，还可以和“悦”相连。

我们满心欢喜，给这个新生儿取名叫孙卓。

我在永顺的生意很好，可我却越来越不满足。我 15 岁从农村出走，就是为了寻求更好的生活，有一片更广阔的天地。我的孩子们值得更好的未来。他们会比我聪明，比我有文化，比我走得更远，比我懂得更多。

我想带孩子们去一个大城市，让他们能受到良好的教育。

我首先去了北京，可是一下火车，寒风刺骨。雪下了几天，路边堆着硬邦邦的雪堆。我打着哆嗦走了一阵，想到孩子们在这里该多受罪，还是带他们去一个温暖的地方吧。

最终，我来到了深圳。

21 世纪初，深圳成了进城务工者的梦想之城。它是第一个经济特区，也是改革开放的窗口，更不排斥任何一个外地人的到来。

一开始我尝试在深圳做水果生意，但是我对这行完全不懂，别人的店里卖什么我就卖什么。我不会看西瓜的生与熟，一些进口水果也不认识。有一回有人来我的店里买榴莲，叫我帮他打开。我从来没见过别人开榴莲，也不知道该怎么开，只好拿了一把西瓜刀，把榴莲拼命地一刀破开。那个榴莲其实是生的，但我不知道熟的榴莲是可以慢慢掰开的。刀实在砍不进去，我又抬起拳头狠狠地捶刀背，硬生生把它劈成了 4 块。

这时候顾客终于好声好气地说：“兄弟，你是个好人，但是你真的不要再做这个了。”

最后我还是只能做包子。

我在人山人海的“城中村”白石洲相中了一个店面，转让费竟然要 7 万元。但是我很满意，因为它的门口人流量大，隔壁还有一个幼儿园。孙卓还太小，我当时把他带在身边，方便上幼儿园。孙悦则是上小学三年级了，得等我在这里站稳脚，能解决她的学籍问题了再接过来。

我站在门口看着这座白日里车水马龙、夜里灯火通明的城市，

想到孙悦和孙卓以后会在这个繁华的都市长大，内心无比激动、无比满足。

我曾经从农村逃到县城，从县城逃到武汉，在武汉辗转 6 年，又去到湖南、四川，最后在永顺支撑起了一家人的生活。为了给后代更好的成长环境，我又带着妻儿来到了深圳。

深圳这个名字里有一种吸引人的魔力，它发展得如此迅速，它创造了那么多奇迹，似乎每个人都能在这里用自己的双手创造出光明的未来。更何况我已经 33 岁了，变得那么强大，经验丰富，踌躇满志。那时，家园已在身后，世界尽在眼前。

我怎么也想不到的是，这座梦想之城、许诺之城，却给了我夺命般的当头一棒，让我像忽然回到了 17 岁，只能两手空空地站在街上，失魂落魄，涕泗横流。

记者调查了解到，随着大量农村人口进城务工，形成了大量留守儿童和流动儿童，这些缺乏看护的儿童正在成为被拐卖的高危人群。

据中国最大的寻子网站“宝贝回家”统计，从 2007 年成立至今，该网站共收到全国范围内的寻子登记 5 000 多条，这些丢失儿童的家庭中，有 90% 是因为监管缺失导致孩子被拐走，其中 50% 的被拐家庭属于农民工家庭。

专家指出，外出务工的家庭由于忙于生计，居无定所，对

孩子的监管较弱，给犯罪分子留有可乘之机。社会和政府应给予留守儿童和流动儿童更多关注和保护，因为“失踪儿童不仅给家庭带来骨肉分离之痛，也给社会带来巨大伤害”。

——《光明日报》，2013 年 5 月 30 日，记者　殷泓

3

我要我妈妈吃的鱼

2007年10月3日，我的“天津包子店”开业了。店铺和沙河中心幼儿园之间有一条羊肠小道，我就在这条巷子里距离幼儿园百米内的地方租下了一间房子。

我从盘下店铺到开门营业，仅用了3天时间。在永顺，为了买到和面机、打面机、案板、煤炉等用具，我必须乘坐大巴车到张家界去找。而在深圳，我在一天之内就买齐了这些东西，还联系上了面粉、鸡蛋和煤气的供应商。这就是我想象中的大都市，应有尽有，一切唾手可得。

10月9日，是我开业的第7天，也是孙卓上幼儿园的第二天。

早上8点，孙卓穿着一套黄色的短袖校服，背着新书包，蹦蹦跳跳地进了幼儿园。他转过头来冲我挥了挥手，意思是叫我别在门口杵着了。我想起他出生的时候冲我挥舞小拳头的样子，也是一样活泼可爱。太阳刚好在他伸手的位置，被他挥手的动作遮

挡住了，阳光不断从他的指间溢出来。

虽然从半夜1点到早上8点我已经工作了7个小时，直到这个时候我才感到一个明亮的日子开始了。我心满意足地回到店里继续做包子。

直到下午五六点，我都没有休息过，一天下来实在是疲惫极了。放学后，老师也像昨天一样，把孙卓从幼儿园送到了包子店。我带着孙卓回家休息，一躺下就睁不开眼睛了。

我听见他在窸窸窣窣地做作业。半梦半醒之间，我又看见他在收拾自己的衣服和鞋子。我们的床底有3个抽屉，我、四英和孙卓正好一人一个。他把自己的小鞋子摆进他的抽屉里，还对我说："爸爸，你的东西不要放在我的抽屉里。"

困意难以抵抗，我甚至不记得自己有没有回应他。七点半左右，天色暗下来了，他跟我说："爸爸，我出去玩一下。"

我费劲地睁开眼睛在后面喊他，喝道："天都黑了，不要跑出去！"

他头也没回，根本不听我的。我知道他就是要去店里找妈妈玩，就跟昨天一样。眼看着四合的暮色吞没了他小小的背影，几秒钟后，我睡着了。

"天都黑了，不要跑出去！"这句斥骂竟成了后来的14年里，我对他说的最后一句话。为了抓住他那小跑后消失的背影，后来我在城市的大街小巷里拼命追赶。我没有在路上发出过一声呼喊，就好像彻底忘记了自己能够发出声音。我喉咙堵塞、心如擂鼓朝着空气穷追不舍。

这个城市里有那么多十字路口，那么多方向，方向之外又延伸出无数的方向。出了这个城市，还有那么多个大大小小的城市，那么多高山、河流、田野，那么多我闻所未闻的遥远村落。

在南方之外，还有寒冷的北方、辽阔的西部，甚至还有中国之外我想象不到的世界。我的脚有 40 码，站在地上仅仅踩在方寸之地。我抬头看一眼夜空，浩瀚无垠。

一粒尘埃能够飘向的地方是无穷无尽的。

我拼尽全力挥舞着双手，就像一只蚂蚁在整个世界面前跳舞。

我怎么也想不到，从 10 月 3 日到 10 月 9 日，短短 7 天时间，我的世界轰然崩塌……

在我过去的想象中，深圳这个高楼林立的地方一定富得流油。改革开放的春风吹在街上，把每个人的钱包都吹得鼓鼓囊囊。我曾幻想，即使我走在路上掉了 1 块钱，人们也不屑于弯腰去捡。来到这里之后，我发现原来也没有那么夸张，地上掉了钱，还是会有很多人抢着捡起来。尤其是像白石洲这样的城中村，充斥着来自五湖四海的务工者的声音。

在我住的地方，楼房和楼房之间挨得很近，我从窗户伸出手都能够到邻居的手。巷子口有一个老鞋匠在摆摊儿修鞋，他已经在深圳修鞋修了 20 年。他告诉我，这叫“牵手楼”。两栋牵手楼之间总是凌乱地缠绕着电缆线，这些电缆线的数量超出了我的想象，它们将天空切割成许多小小的碎片。

人们所呼吸的空气，似乎都从那些蓝色的碎片中来。

我的包子店往右几百米是繁华的深南路，乘坐地铁和公交车

都非常方便，这个地方四通八达。店铺左侧通向幼儿园的方向则是拥挤的居民区。每天早上七八点，正值早高峰，包子店的门口就会人头攒动、人声鼎沸。来来往往的年轻人几乎是排着队在行进，都行色匆匆地从居民区的方向来，往深南路的方向去。这种少见的热闹景象让我满怀欣喜，因为着急上班的人越多，在我这里匆忙抓两个包子来垫肚子的人也就越多。

果不其然，我的包子和馒头一个只卖 5 毛钱，开业后的一天内却能有 2 000 多块的销售额，也就是说我们在一天内几乎卖掉了 4 000 个包子和馒头。我还没来得及请帮手，店里只有我和四英两个人，每天忙得晕头转向、手脚发软。

夜里，年轻人都准备睡了，我也就该起床了。

半夜 1 点，我从床上爬起来，回头看一眼睡得正香的妻子和儿子，就打起精神到店里去和面。过去在永顺，我到店里开工的时候，整个县城都在沉睡，路上没有一点儿声音，只有宁静的星光作伴。深圳的夜晚却灯火通明，街上时不时有人经过，街边还有夜宵摊滋滋烧烤的声音。不能说是热闹，却也保持着都市的活力。

四英会在天快亮的时候来店里帮忙，这个时候，最早的一批上班族都出门了。国庆假期期间，隔壁的沙河中心幼儿园一直没有开门。

白天，我在店里做包子，四英在门口卖包子，孙卓就在店门口玩耍。

我小时候是个很内向的孩子，后来我很不喜欢自己这一点，总觉得外向的人在社会上更能左右逢源。为了锻炼孙卓，我经常

叫他去附近百米远的便利店帮我买东西，买啤酒、花生米或鸡蛋。我希望他不怕生人，能够独立自主，做一个能干的男子汉。事实证明，他 3 岁的时候就比 10 岁的我还要强不少。他去买东西时，四英总会悄悄地跟在后面，怕他过马路不当心或者迷路。回来之后，四英告诉我，他不仅能把东西都买对，而且会自己跟老板交流如何付钱和找钱。老板都对此感到很惊奇。

有一回，我见他在店门口无所事事地玩耍，就把他叫过来，说：“卓卓，帮爸爸去菜市场买一条鱼吧。”

他很愿意去，因为每次我吩咐他去买东西，都允许他用找零的钱给自己买一样小东西。

我给了他 50 块，看他蹦蹦跳跳地跑走了。四英也赶紧在他身后跟去了。孙卓回来的时候，一只手提着菜市场的塑料袋，另一只手拿着一颗蛋状的小球。他一把将装鱼的塑料袋交到我手里，就把那颗小球拧开了，里面竟然蹦出来一个“奥特曼”小玩具。

“这叫扭蛋。”他看我没见过世面的样子，好心解释了一句。

四英告诉我，他把去菜市场的路认得清清楚楚，但是到了卖鱼的铺子前，他不知道鱼都有什么种类。

老板问他：“小朋友，你要什么鱼啊？”

他说：“我要我妈妈吃的鱼。”

四英模仿着小孙卓认真的样子，嘟着嘴严肃道：“我要我妈妈吃的鱼。”下一秒她就绷不住了，笑得眼睛眯成两条缝，眼角的纹路弯弯的。

10 月 8 日，国庆假期一结束，我就把孙卓送到了幼儿园。那天

早上门口有孩子在哭闹，孙卓却高兴得很，对新学校、新老师和新同学都很期待。学校发了两套黄色的校服，一套是短袖样式的，另一套是长袖的，还发了书包、被子、枕头和几本书，全都崭新漂亮。

下午五点多，幼儿园放学了，老师就把孙卓领到包子店门口，交给我们。

那天晚上，孙卓却有一点儿异常。平时他吃饭是不需要人哄的，那天却怎么也不肯吃饭，睡觉也一直做噩梦，一个晚上醒了7次。后来我们猜测，也许在10月8号那天，就已经有一双眼睛在暗处观察我们，准备伺机而动。

而我至今都记得，那晚我也做了一个怪梦。

我梦见我们一家人在饭桌前吃饭。那是一大家子人，我的父母、哥哥、姐姐、四英和孙悦都在桌子前。

唯独没有孙卓。

大家吃着吃着，母亲忽然问我："孙卓呢？"

我说："孙卓被人弄走了。"

可是没有任何人对这句话有什么反应，在梦里，谁也没有觉得奇怪，连我也没觉得有什么奇怪的，大家都继续埋头吃饭。

醒来之后，我转头看了一眼正在熟睡的孙卓，几秒钟就把这个怪梦忘了。

孙卓的脸蛋肉乎乎的，头发乌黑浓密，睡觉的时候嘟着嘴，像只小鸭子。

位于深南大道旁南北两侧的白石洲，地处关内最核心的地段，东邻华侨城世界之窗、欢乐谷，西与高新科技园仅隔一站地铁，周边华侨城房价每平方米15万元。核心地段加上低廉的房租，这片0.6平方公里的土地吸引了15万外来人口租住于此，是深圳最知名的“城中村”。

——《财经》，2020年1月19日，特约作者　熊平平

随着我国经济的快速发展，以进城农民为主体的流动人口已成为现代城市居民生活中不可或缺的部分，他们在经济相对发达地区自发集聚形成流动人口聚居区。2000年第五次全国人口普查结果显示，我国流动人口总数规模已超过1亿，其中18周岁以下流动儿童占全部流动人口的19.37%，近2 000万流动儿童成为社会的一个特殊群体。拐卖人口犯罪分子把目标瞄准了这一群体，严重威胁着儿童的人身安全，并造成重大的社会影响……流动人口聚居区多位于城郊结合部或以“城中村”形式出现，在这些聚居区内儿童被拐卖和丢失发生率较城市其他区域明显高得多。

——《流动人口聚居区拐卖儿童现象产生的原因、社会影响与对策》，黄帮梅、骆华松、李江苏、赵兴玲，2008年第2期，《产业与科技论坛》

4

追、追、追

后来发生的事其实我根本不愿记起，我宁愿喝下一种药，能够让我把那个狂奔着的夜晚彻底忘记。然而我不得不在 14 年里不断回忆，反复讲述，就像用刀尖划开疤痕一样，每次都把它刻得更深，以至于那天晚上的每一个时刻至今都纤毫毕见。

而我讲述了上千遍，唯独这一次讲得最清楚，也最冷静。

10 月 9 日晚上八点多，我被惊醒。

“海洋！快点！孙卓被人家用一辆玩具车拐走了！”

我一下子就从睡梦中坐了起来，说：“谁啊！”

四英急得跺脚：“修鞋匠看见了，是一个提皮包的人。”

我几步冲到巷子口找鞋匠，大声问道：“孩子弄到哪儿去了？”

他还没有意识到有问题，应道：“不是和你的亲戚往那边去了吗？还给了一辆玩具车让他玩。”

他指的是店铺的左边，通向幼儿园和居民区的方向。

亲戚？我在这个地方哪里来的亲戚？我的脑子一阵发蒙。

我在地上蹦了两下，又原地转了两圈，拔腿就往他指的方向拼命追去。

那个时候，我对“拐卖”根本没有概念，还以为是别人家里缺小孩儿，看孩子很可爱就把他骗回家养了。我也根本不知道有“人贩子”存在。

“人贩子”这个词本身就超出了我的理解范畴。在这个高速发展、应有尽有的一线城市，竟然还有一门“贩人”的生意？你可以偷一只猪、一头牛去卖，可是卖掉一个孩子，谁还能心安理得地吃得下饭、睡得着觉？买下孩子的又是谁？那个人会不会在某一天忽然想，是哪个倒了八辈子霉的人丢失了这个宝贝？

我一边往鞋匠手指的方向狂奔，一边打 110 报警电话。

嘟嘟嘟……在接线声里，我忽然又想起昨晚做的怪梦，梦里大家都在吃饭，唯独没有孙卓，却没人觉得奇怪。

我开始疯狂冒汗，手心一下子就被冷汗浸湿了。

110 报警电话拨通了，我赶紧对着电话那头儿说：“我的儿子不见了，被人用一辆玩具车弄走了！”

对方说，儿童失踪的情况要 24 小时后才能立案。

24 小时？我吃了一惊，立刻停下脚步，赶紧解释道：“我是做包子的，来深圳后，我的店铺刚开业几天，谁都不认识……我的孩子真的是被人成心骗走的，是我旁边修皮鞋的人亲眼看到的！一个四十几岁的人提一个皮包，用玩具车把孩子骗走了！”

对方又告诉我先在附近的超市或者同学的家里找一找，再问

一下老师。

“这是不可能的……我的孩子3岁半，才上了两天学，跟谁都不熟悉。这个情况很特殊，而且有目击证人，肯定不是走失或者去哪里玩了！您行行好，能不能先出警帮忙找一下……”

我在街上对着电话喊得很大声，满头的冷汗往脖子里窜。

而电话那头很简短地应道：“24小时后才立案，这个是规定。”

接着就挂断了。

我的大脑一片空白，又给大哥打了电话，告诉他孙卓被人拐走了。大哥当即就告诉我：“你赶紧找！赶紧找！不要落到讨饭的手上！不然手脚都要被打断的！”

我听了这话，吓得腿都发抖。但这还不是我被吓趴下的时候。我甩了甩头，咬紧牙关，又往前跑了一段，面前出现了一个十字路口。我在路口僵住了。

他到底是往左、往右，还是往前了？

我愣了可能有一两分钟，在这一两分钟里，每一秒我都感觉到孙卓离我更远了一些。我咬咬牙，选择了左边的巷子，因为左边的路上人最少。我推测，孩子反应过来肯定会哭闹，偷孩子的人也会慌张，他会尽量往人少且偏僻的地方去。

就这样狂追了五百米左右，我又面临着一个十字路口。我呼吸急促地在原地思考。如果继续往左，就通往繁华的深南路了。于是，我又选择了向更偏僻的右边跑去。

我对我的猜测其实很笃定，可是我一边没命地奔跑，一边遏制不住地想象孙卓在我身后的反方向，被一个四十几岁的男人抓

在手里，一边哭闹，一边离我越来越远。

我的手心全都是汗。这双手原本被期待着要创造光明的未来，此时我却感到自己就像在空气中抓握一粒尘埃。我越是拼尽全力去抓，那粒微之又微的尘埃越是飞远。

曾经我觉得人靠意志力能够办成很多不可能的事，只要意志足够坚强，人就能用河里的泥巴烧出两万块砖头盖房子，能够孤身跑到很远的地方找到饭吃，能在很短的时间里改变自己的命运……

原来只是老天爷一直都对我很好，从来没有认真打击过我。

我又跑了几公里，觉得自己像油锅上的蚂蚁，在到处浪费最宝贵的时间。又冒出一个念头，我想我应该跑到派出所去，当面向警察说明情况，让他们意识到问题的严重性。也许电话沟通是很无力的。

我在街上抓着人就问沙河派出所在哪里，很快就冲了过去。

到了派出所，我告诉警察我在20分钟之前报过警，我的孩子被一个四十几岁的人用玩具车骗走了，有目击证人看得清清楚楚。

当时我已经要崩溃了，万分焦急，慌乱不已，浑身湿透了，跑得上气不接下气，却还是把几句话说得清清楚楚。我的普通话从来没发挥得这么好过。

他们还是没什么反应，说："你先到周围找一下，和他的老师、同学都联系一下。"

和电话里说的一模一样。

我放弃了解释，开始恳求。我说求你们帮帮我，我们两口子

在这里没有其他亲戚和朋友，真的要找不到了。

接着他告诉我一个很惊人的数字，这个数字就像这个大城市里的很多事情一样，再次超出了我的想象。

他说：“你知道吗，深圳每天接警有 2 万人次，但是我们的警察总共也只有 2 万个。”

在我原来的想象中，每天只会有几个人拨打 110 报警电话。

他又说：“如果每个人都像你这样吵着要求立刻出警，我们所有人都要忙不过来。”

他这么一说，我才开始明白，他们实在是做不到每接一个报案都立刻出警。但是在当时，我也没有力气去理解更多了。

我只能再次回到店铺门口，重新朝鞋匠指的方向出发，追、追、追。

那些年，我不断地在十字路口做出选择，每一次都往人少的、偏僻的方向去。我希望我能变成几十个人，每个我都往不同的方向去；我希望我能变成几百个人，让深圳所有的大街小巷都能同时遍布我的身影。这样总会在某个时刻、某个地方，我能遇到他们。可现实是，我只有一个人，一次只能在一个地方。

最后，我追出了十几公里，追到了一个荒无人烟的地方。那是一个建筑工地，一幢建了一半的楼房伫立在黑暗中。工地上没有灯，一片寂静，黑暗中似乎藏着我所不知道的秘密。我忽然想：他会不会抱着我的孩子藏在工地里了？这个时候我已经穷途末路了。

我一边想，不可能的，怎么可能藏在这里；一边又想，万一被我碰到了呢。绕过这根柱子，走到那个水泥堆后面，扒开货车

车底……万一再往前走两步，把头埋得低一些，我就像和他玩捉迷藏一样，会忽然间对上孙卓的两只眼睛——好啊！你就被藏在这里！

万一呢？

我被自己的各种想象撕裂着、折磨着，一会儿紧张得心脏咚咚狂跳，一会儿失落得两腿发软。

我把建筑工地里里外外搜寻了一遍。如果有人经过的话，一定会以为我是个疯子，一惊一乍地在黑暗里蹦来蹦去。

到了12点，我终于允许自己稍微绝望了几秒。

我想孙卓大概已经被带走很远了，靠我的双脚已经追不上了。

我开始往家的方向走。每遇到一个漆黑的角落，我就会神经兮兮地跑过去查看一眼。总怕万一哪一个地方我没有看到，我就和他擦肩而过了。

回到沙河街，夜已经很深了，这正是我该起床做包子的时候。可是想到包子也让我感到迷茫，忽然之间，我的真实生活变得如梦幻泡影，面粉、顾客，还有5毛钱或1块钱的硬币，全都离我很遥远。

我在店铺门口站了一会儿，有点想不起来前因后果了——我到底是为什么要到深圳来的？

在包子店不远处，一家印刷店还开着门。我这才想到，我应该印一些寻人启事的广告。

寻人启事上面的图文在后来被改了无数个版本，而最初的那个版本上写着：

小孩孙卓，3岁半，九十厘米高，被一个四十几岁的男子提着皮包，十月九号晚上七点半，在门口用一辆玩具车拐走。

上面还放了一张孙卓的照片，他穿着以前就读的幼儿园的旧校服。被拐走的时候他穿上了新校服，可惜，我们还没来得及给他拍张照。

我向印刷店老板交代好了，第二天一早我就来取寻人启事的广告，随后就又往附近的巷子去找。我跑到老远的地方去追的时候，四英也在分头找。这个时候我走进附近的巷子里，远远就听见四英在哭喊："卓卓——卓卓……"

她可能已经这样哭喊了几个小时，声音完全变了，像被粗糙的砂纸磨坏了一样，听起来歇斯底里又脆弱。

城市依然灯火通明，我循着声音找到了她。她一见到我，就崩溃地问我："找到了没有？"

我没有回答。

她也没有继续问，只是忽然失去力气一样蹲下来，低着头呜呜地哭。

最后，我们精疲力竭，茫然无措地回到家。

我告诉四英："明天我们再去派出所，他们说24小时后一定会立案。明天一早我们就去跟他们说好话，再求求他们。"

当时，警方的介入依然是我最大的希望。

只是我怎么也没有想到，还要在那么多年以后，在我已经准

备好了要用自己的一生去追赶那个小小的背影的时候，我崩塌的世界才终于在警方的不懈努力下得以复原。

具有下列情形之一，经审查，符合管辖规定的，公安机关应当立即以刑事案件立案，迅速开展侦查工作：

（1）接到拐卖妇女、儿童的报案、控告、举报的；

（2）接到儿童失踪或者已满十四周岁不满十八周岁的妇女失踪报案的；

（3）接到已满十八周岁的妇女失踪，可能被拐卖的报案的；

（4）发现流浪、乞讨的儿童可能系被拐卖的；

（5）发现有收买被拐卖妇女、儿童行为，依法应当追究刑事责任的；

（6）表明可能有拐卖妇女、儿童犯罪事实发生的其他情形的。

——最高人民法院、最高人民检察院、公安部、司法部印发《关于依法惩治拐卖妇女儿童犯罪的意见》的通知，2010年3月15日

5

悬赏二十万寻儿子店

接下来的 72 小时是凝固的梦魇。

成千上万张寻人启事不断地流向城市的各个角落，却没有一个电话响起。在我的记忆里，日与夜之间、今天与明天之间都失去了明晰的界限。

我低下头，手中是一沓寻人启事，每一张都印着儿子的面孔。

我抬起头，面前是电线杆、斑驳的墙面、公告栏、凹凸不平的树皮、广告牌、商场的玻璃门……上面也都是一张张儿子的脸。有一会儿我想到这可能只是个噩梦，就抑制不住地在街上笑起来，笑得弯了腰，眼泪都流了出来。笑完之后，悲从中来，又赶紧贴了一张寻人启事。

10 月 10 日一早，母亲、大哥、二哥和姐姐都赶到了深圳。

我和大哥到派出所请求出警，派出所将我的案子分配给一位何警官负责，可是这位警官工作非常繁重，表示分身乏术。

母亲也没帮上什么忙，倒是摔坏了屋子里不少东西。她整日冲我号哭喊叫、寻死觅活，不是责怪我，就是责怪四英，甚至责怪鞋匠，责怪城市，责怪包子。二哥话不多，贴的寻人启事却是最多的，跑的地方也最远。他早出晚归，跑遍了深圳各区，几天下来，脚上的鞋都快被磨破了。

从 10 号到 13 号，连续 4 天里，我和大哥雷打不动地跑去找何警官。他见到我们，总是第一时间拍着胸脯保证："明天一定出动！"

大哥给我出主意，提出在寻人启事里加入"悬赏五万"的信息。可是直到后来，寻人启事从"悬赏五万"改到了"悬赏十万"，贴了上万份出去，竟没有丝毫回音。我向这个城市发出的求救声如同焦灼的雨滴落入夜海，顷刻间就尽数消失。

直到第 4 天，我的手机第一次响了，来电显示"广东深圳"。我吃了一惊，赶紧接通。

"你是不是在寻找孙卓？我在沙河小学背面的电线杆上看到了寻人启事。我是宝贝回家网站的志愿者，我叫小席。"对方听起来是位年轻女士。

我对她说的"宝贝回家网站"没有任何概念，更不知道志愿者是做什么的。

我告诉她我在沙河街。她马上就找到了我。

"你要怎么帮助我？"我问她。

"我们通过网络寻人，我可以帮你把寻人信息登记到网站上。"

当时的我还不懂得如何使用网络通信，拿着手机也只会打电话、发短信。我带她回家去取资料时，母亲很是警惕，悄悄问我

“她要多少钱”。我说：“她不要钱。”

母亲将信将疑，说：“还有这么好的事？”

小席带我进入一家网吧，将这些资料都拍照上传到网站上，并教我学习用电脑。那个时候宝贝回家的网站还很新，在上面登记的人没几个。我心事重重，当时并没有把网站当回事，只是对第一个帮助我的人很感激。这是我失子 4 天后，从这个陌生的城市得到的唯一回应。

告别了小席，我还是到处贴寻人启事，但它们常常会被城管撕掉。有一回我正在贴，几个城管忽然从远处走来，他们手里各自拿着一根至少一米长的棍子。我赶紧拔腿就跑，他们在后面挥舞着长棍拼命地追。最后我跑到一个桥洞下面，终于被团团围住了。他们拿着棍子朝我逼近，我穷途末路，只好举起手里的寻人启事不断求饶，说“我是寻找自己的孩子，不是做坏事”。

他们或许是有些同情我，最后并没有把我怎么样，只是勒令我把贴过的寻人启事全部铲掉。于是，我带着他们回到原地，将寻人启事一张一张铲得干干净净，他们就在旁边抄着棍子守着我。

我一边铲一边想，其实我们都在尽各自的职责做各自的事情，仿佛谁也没有错。

有时候我贴寻人启事，也会引人过来围观。人们议论纷纷，有的当着我的面讨论起来，说：“这人肯定是个骗子。”我很不理解，悬赏 20 万是我给别人钱，我骗什么呢？还有人不解道：“再生一个不就行了吗？”还有人猜疑说：“一个孩子能值 20 万吗？”

我没有和任何人争论过，却因此夜不能寐。我知道这个世界

很大，无所不有，也知道人心很深，人与人之间的悲喜并不相通。可是这种不能被理解的孤独还是让我沮丧，也让我深感不安。

所幸还有一回，我在沙河街的出口贴了一些寻人启事，临走时眼看着其中一张从电线杆上掉了下来。但当时我赶着要去另一个地方，就没有把它捡起来。晚上回到沙河街，我却发现那张掉下来的寻人启事，竟然被人牢牢地贴了回去。我吃了一惊，在那个电线杆旁边查看了好一会儿。在小席之后，这是我第二次从陌生人那里感受到善意。

很多年后，我意识到，也正是这些点滴的善意在冥冥中守卫着我内心的火苗。只有对人性之善依然抱有纯粹的信念，我才有理由相信自己脚下的这条路一定会有终点。

…………

每天等夜深了，我都会重新走到美宜佳超市门口。那里是人贩子逃跑路上遇到的第一个十字路口，无论他们最终去往何处，都一定在某个时刻经过了这个地点。我一个人坐在石头上沉默不语，看着眼前车水马龙、霓虹变换，人们匆匆来、匆匆去，脸上都带着一样的神情。

事发后的第6天，晚上9点。我在石头上坐着，忽然注意到美宜佳门外的拐角处有一个监控摄像头。我没有抱太大希望，惴惴不安地走进超市，请店员帮我把监控录像放出来看看。

店员很热心地问我："要看什么时候的？"

我略一思索，说道："10月9日晚上……7点30分。"

监控摄像头正对着门口的小道。我趴在屏幕前仅看了一分钟，

就在7点31分，镜头中出现了一个穿衬衫、提皮包的男子，带着穿黄色校服的小孙卓快速走过。监控恰好拍到了他们离开的背影。

我难以压抑激动的心情，立刻跑到了派出所。

这样一来，我不仅有目击证人，还铁证如山——孩子不是走失的，他就是被拐走的。

负责我们案子的何警官不在派出所，另一位警员跟着我来到美宜佳超市，用手机将监控录像中两人离开的背影拍了下来。我想这下有救了，警察要把这个被监控录像拍到的家伙抓到，一定是小事一桩。我和大哥两个人都兴奋得睡不着觉。

次日，我带着一大家子人去了派出所。母亲、大哥、二哥、姐姐和四英全部都去了。母亲一进派出所就跪在地上开始号哭，姐姐和四英也开始大哭。哭声引起了一些注意，来了一位看起来像领导的人。他说他是林所长。

在当时，林所长对我这样的普通人来说简直是一个高高在上、无所不能的人物。他把我们带到办公室，问我们是什么情况，请我们不要着急。

“我会把你们这个案子当作命案来侦破。”

林所长立刻打电话到南山分局，请求派人来，说这里发生了一个很严重的案件。

不到半小时，南山分局就来了一辆警车。

于是在案发的第7天，一大批警官来到了案发现场。他们在美宜佳超市附近的十字路口认真观察、讨论了两三个小时。我的内心十分激动。

第8天一早，我又跑到派出所。林所长拿出一张画像，上面画着一个陌生男子，看起来很魁梧，手上还提着一个皮包。

"你认不认识这个人？"

"……不认识。"我如实回答道。

原来他们在一夜之间便把犯罪嫌疑人的正面像都画出来了，竟然是根据监控录像的背影模拟出来的，还画得非常清楚。这张神奇的画像让我感到有些难以置信，但还是给了我极大的希望。因为这说明警方确实费了不少功夫，在非常严肃地对待我的案子。

当我在第9天找到林所长时，他终于面露难色。

"监控录像虽然拍到了，但是只有背影。我们请专家模拟画像，也不知道他到底是不是长这样……要是能有正脸就好了。"

我很失望，却也只能表示理解。从派出所回家的路上，我拼命思考着各种各样的办法。我想：这个犯罪嫌疑人会不会有同伙？也许监控录像不只拍到他带走孙卓，还拍到他的同伙经过。我只从7点30分开始看了1分钟录像，万一在那之前和之后还有线索呢？

于是我又跑到美宜佳超市。超市的监控录像保存期其实只有一周，但是那位热心聪明的店员早已提前帮我把那天的录像保存下来了。我又从7点30分开始看。

7点31分，提皮包的男子带着孙卓离开，背影一闪而过。

7点32分，孙卓竟然又跑回来了！男子紧接着也跟了回来——他的正面容貌出现了！

再往后看，还有孙卓在花台上跑来跑去以及犯罪嫌疑人给他

买食物、玩具的画面。而我的脑海里响彻着林所长说的一句“要是能有正脸就好了”。

这下竟然真有了。我心想，连犯罪嫌疑人的脸都拍到了，不可能抓不到这个人了。

第10天和第11天，我每天都要往林所长的办公室跑很多趟，早上找，中午找，晚上也找。林所长深表同情，他从来没有嫌我打扰他的工作，只是认真倾听我的烦恼，他的确是一位体恤民情的好所长，然而，他也有心无力。

第12天，林所长说：“有了正面像，也不知道他是谁。要是你能找到他姓什么、叫什么就好了。”

我一直以来压抑的心终于被这句话点燃了。

“我要是找到他姓什么、叫什么，我爬都已经爬到他家里去了！”

这是我跟林所长说的最后一句话。说完我把门一摔，头也不回地离开了。

很难说我是对他的话感到失望，还是对自己的无计可施感到愤怒。之后的近10年里，我再也没有踏进过这个地方半步。我也终于决定要靠自己的力量去找孩子了。当时的我满心愤怒，觉得自己把最宝贵的时间和太多的希望放到了别人身上。

回到家后，我把“天津包子店”的招牌拆下来，找印刷店定做了一个长3米、宽1米的广告灯箱，上面印着大大的红字：悬赏二十万寻儿子店。

变卖家产也好，借钱也好，我要重金悬赏20万，告诉整个白石洲的人，这里有一个叫孙卓的孩子被人拐走了。那是案发后的

第 13 天，我挂上这个醒目的招牌，并把人贩子的照片、孩子的照片密密麻麻地贴在门口和店内，满满地挂在门前的一排行道树上。围观的人越来越多，人们在我的店门口议论纷纷，有的人一边往地铁的方向走，一边还在频频回头看。

我的店算是小有名气了。

那些日子，母亲也经常跑到地铁站去。她长时间一动不动地坐在地铁口，仿佛变成了那里的一座老人雕塑。上下班时间，庞大的人流一股股从地铁口涌入和涌出。她等待着、守望着，期盼着有一天能看到自己的小孙子像变魔术一样，忽然就从人海里冒出来。

2007 年 10 月 22 日，孙海洋将“天津包子店”招牌更换为“悬赏二十万寻儿子店”。2008 年，彭高峰也将自己的电话超市更名为“悬赏十万寻儿子店”。同年，广西藤县街头也出现了“悬赏二十万寻儿子店”，店主黄佩云的儿子莫鸿涛至今还未找到。武汉张学红将奶茶店招牌改为“悬赏十万寻子店”，其女张紫轩至今未找到。西安余辉也开了“悬赏十万寻子店”，其子余严俊至今未找到。2009年，深圳闫智勇将店铺招牌更名为“草埔 · 寻子店”，其子闫乙人于 2002 年丢失，至今未找到。此后，高额悬赏寻子店成为一根根隐痛的针，扎遍无人注意的角落。

本书作者孙悦整理

6

我怕连骗子都不骗我

包子店的生意几乎是搁置了。我请了一个师傅在店里做包子，自己则每天东奔西跑。除了找孩子，我已经干不了其他任何事情。

但找孩子是要花钱的。仅在2007年，我就印发了近10万份寻人启事。为了保证孩子和人贩子的面部特征足够清晰，早期寻人启事上的照片都是我冲洗出来后，一张一张用双面胶贴上去的。每冲洗一张照片都要1元钱。

为了扩散信息，我还找了不少报社帮忙刊登寻人启事。当时，寻人启事只能在报纸上占据火柴盒大小的面积，收费却很高昂。《晶报》和《深圳晚报》收费为600元，《南方都市报》的收费则为900元。我还找到了深圳电视台，但电视台不能像报纸一样帮我附上小小的照片，只能像出字幕一样发布一排简单的文字内容。“10月9日晚上七点半，深圳白石洲一名叫孙卓的小朋友被提皮包的人贩子拐走，如有线索请打159****4088。”就这么一行字收

费 300 元。

家里开始入不敷出，我根本无暇顾及，而真正让我苦恼的是，根本没有一个人给我打电话提供线索。

直到有一天，我在读报纸时想到，媒体就是报道新闻的，记者就需要新闻线索。为了刊登寻人启事，我要支付一系列的费用，可如果这成为一则“新闻”呢？

我苦思冥想了一天，也没有想出一个成为新闻的好办法，只能继续用我的笨办法。半夜 1 点，我一个人悄悄地从出租屋溜了出去。我带着几千份寻人启事跑到了《南方都市报》的报社大楼，在街头巷尾以最大的密度贴满了寻人启事，甚至将《南方都市报》的广告牌都贴了个严严实实。这样一来，所有第二天来上班的记者都会被“悬赏二十万寻孙卓”的寻人启事吸引。

第二天早上八点多，我果然接到了《南方都市报》记者刘凡的电话。

刘凡为我做了第一篇新闻报道，整篇有 300 字，刊登在《南方都市报》的头版。当年的《南方都市报》在广东乃至整个南方地区都是非常有影响力的报纸。

这条报道产生了意想不到的轰动效果，我的手机从此就再也没有安静过。辽宁卫视、香港《东方日报》、广东广播电视台，国内各大媒体纷纷找上了我。来自社会的关注让我应接不暇，我又一次感到有救了。

除了媒体，我吸引来的还有形形色色的骗子们，我的“悬赏二十万”就像炸了全国各地骗子们的“锅”。我没有仔细去统计

过，不过我清楚地记得曾经在一天时间内，骗子的电话我就接到了四十多个。多数人没说几句话就开始要钱，要 5 万或者 10 万，我就知道是骗子了。

其实我从来没有真的憎恨过这些骗子。越是有人打我的电话要联系我，我感觉就越有希望。我最怕的是连骗子都不骗我。每天我都出去好多次，去跟骗子们碰头。我一会儿在罗湖区，一会儿在东莞，一会儿又在惠州。母亲总是很担心我。

有一天晚上十一点多，我接到一个电话，对方声称孩子在他们手上。

“只要能见到孩子，我一定会把钱都送给你。”我说。

这个人把我叫到一个地方接头，让我把钱带过去。

出门的时候，我估摸着他们就是骗子，但我还是要去确认。母亲吓得坐在椅子上哭起来，她不断地摇头，眼泪直涌。母亲对这一切感到恐惧，孙子没了，儿子还要每天半夜出去和坏人打交道。她怕我有一天出去了就回不来。其实我 15 岁就出门远行，一个人在外面谋生。我知道只要我对人态度好，谁也不可能上来就给我一刀。

我在超市买了几瓶饮料，还买了烟，见到骗子就第一时间递过去。他们有四五个人，比我年轻一些，穿着打扮和气质看起来就像无业游民。我一边把烟发给他们，一边好声好气地说：“孩子如果在你们手上，你们给我，我一定会把钱给你们的。”

我说得很认真。他们没以为我真的会来，还给他们买了东西。他们支支吾吾了一阵，最后只好承认说确实不知道孩子在哪儿。

我也没有计较，还是好声好气地说："没事，谢谢你们啊。你们一定要帮我多注意一下。"

我掏出一张寻人启事，指给他们看："就是这个小朋友，叫孙卓，3 岁半，被这个提皮包的人贩子拐走了。你们认识的人比我多，都帮我注意一下。谢谢你们！感激不尽！"

他们面面相觑，不好意思地纷纷点头。

任何联系我的人，无论是记者、志愿者、骗子还是私家侦探，无论他们怀着善意还是恶意，甚至打我的电话就只是为了好玩儿的人，我都会好好跟他们打交道，尽可能一个个排查他们口中的线索。我希望他们能帮我记得这件事，走到哪里都会帮我往街边看一眼。这样我就能变成几十个人，几百个人，同时出现在许多地方。

不过，即使我从来没有恨过骗子，有时候还是免不了要被失望狠狠击溃。

许多骗子一开口就能听出来，是因为他们没有底气。但是有一回，我接到了一个不一样的电话。这个人张口就骂我："孙海洋是吧？你想死吗？你把我的照片贴得到处都是，妈的！老子现在门都不敢出，我看你是找死！"

我被骂得反而来了劲头，按捺着激动问道："你在哪里？我的孩子在哪里？你把孩子给我，我给你钱！"

他说："孩子就在我旁边。我要 30 万！"

别的骗子都只敢要 5 万、10 万，甚至更少。他敢要 30 万。我咬紧了牙关，心脏怦怦直跳。

"孙卓就在你手上？在旁边？"我问。

我尽可能地贴近手机，确实能听见旁边有个孩子在哭，哭得我心里发酸。

“孙卓手上有一个刀疤，你看看是在左手还是右手?”

他斥道:“孙卓你别哭了，我看看。”

背景里的小孩哭得更大声了，我越听越觉得这声音就是孙卓。我坐不住了，无意识地捧着手机开始踱步，把牙齿咬得咯咯作响。我侧耳倾听，心如擂鼓，呼吸困难，恨不得钻进手机里去把哭声抓住。

对方查看刀疤查了很久，最后说:“是左手。”

我心里好像有一幢大楼轰然倒塌。我没有力气请他帮我留意孩子了，只能在沉默中挂掉了电话。

孙卓手上没有刀疤。

还有一回，我正到处贴寻人启事，忽然接到一个电话。

“你的小孩丢失了是不是?这个广告是你贴的?”

“是啊。”

“上面还有人贩子的照片?”

“是啊。”

“那我很快就能把这个人抓到。”对方很笃定。

“真的吗?”

“什么真的假的，你知道我是谁吗?”

“你是谁啊?”

“我就是深圳市公安局的，我的战友都是公安局的。你给我把照片递过来，我一定要把这个无法无天的东西抓到。”他对拐卖儿

童的行为表示很愤怒。

深夜12点，我抱着很大的希望打车到了龙珠花园派出所门口，见到人我又信了八分。这个男人穿着迷彩裤，站得笔直，长得也端正，不同于其他地痞混混，看起来就像是当兵的。

我把监控录像刻的光盘和寻人启事都递给他，还主动数了3 000元现金给他。

“兄弟，先买点儿烟抽，买点儿水喝。你找到了，我肯定把20万都给你！”

他把钱一把装进口袋，义愤填膺地说道：“先把人抓回来再说！明天我就发动我的战友们，一定要搞死这个人贩子！肯定给你抓回来！其他的先不谈！”

我千恩万谢，很想给他下跪。

第二天我刚在福田区贴完寻人启事，就在公交车上接到了他的电话。

“孙海洋，我现在在东莞，已经锁定了人贩子的范围。他就在这附近，我们要开始搜捕了。但我是深圳市公安局的，到东莞这边要借用外部力量。我要买些烟啊、水啊，还要安抚一下这边的兄弟，你懂的啊。你先转两万块钱过来，我才好调动他们。”

我急得要命，在公交车上捧着手机点头哈腰，一边感谢他，一边说马上把钱转过去。

当时公交车离白石洲地铁站只有十站，一下车，公交站后面就是我熟知的一个银行。然而，每停一站他都给我打一个电话，问我怎么还没有打款过去。

"我已经到银行门口了！到门口了！"我说。

下一站他又打来催问我。

"我已经到自动取款机这里了！"我说。

下一站他又打来了，劈头盖脸吼道："你在搞什么鬼！这边的兄弟都已经全部到位了，准备开始搜捕了。你的钱怎么还没来，你这样我在东莞怎么好说话？"

我急得发疯，大喊道："马上了！马上了！我已经把银行卡都插进去了！"

车上的人都纷纷转过来看我。

下了公交车，我才忽然觉得有点儿不对。有那么急吗？几分钟都等不了？说得像在和人贩子枪战一样？

我没有接他的下一个电话，赶紧打车到龙珠花园派出所，进去就问他们这里有没有这个人。派出所里的人都说不认识他。

"我有他的电话号码，他一直在给我打电话。我还有他的银行卡号。他说了他在这里上班，和你们都是好兄弟。"

最后，派出所用座机给这个还在一直来电的号码拨了过去。他很聪明，直接关机了。

…………

除了形形色色的各路骗子，我还开始接触到一个新的群体，他们使我的境遇不再孤立。

孙卓被拐大概 1 个月之后，我在印刷店打印寻人启事。一个陌生男人忽然和我打招呼。

"哎！是你啊！"他指着我说。

这个人极瘦，瘦得脸颊凹陷、形销骨立。我确信自己并不认识他。

“之前我看到你的寻人启事掉在地上了，我又给你贴上了。我还去旁边的文具店临时买了一卷双面胶。”

我这才猛然想起那张掉落了又被神秘人贴回的寻人启事。当时我在感动之余，甚至觉得有些匪夷所思，毕竟更多人只是把它当成广告，还有人因而把我也当作骗子。

接着他道出了一个惊人的事实，也解释了他为什么会那么在乎我的一张寻人启事。

白石洲一名3岁半的男童于1个月前失踪，家人苦寻无果，后来通过超市摄像头拍摄的录像找到孩子被人带走的踪迹，于是悬赏20万元广征线索，希望能用高额奖金换爱子回家。

…………

孩子失踪后，派出所曾到孙家取证，并派公安干警拿着罪犯的照片到各酒店、宾馆查找带走孙卓的男子的下落，但都无功而返。

而高额悬赏的启事发出后，不但没有取得进展，还引来一大堆骗子提供假线索……这令孙海洋很沮丧，而原本幸福的孙家，也早已无心做生意，一家人全力寻找线索，每天都在期盼着儿子的归来。

——《南方都市报》，2007年11月13日，见习记者　刘凡

7

60万粒灰尘

“我儿子叫谢浩男，2001年在白石洲沙河街被拐走，那个时候孩子才2岁。”

1个月以前，“拐卖儿童”对我来说是一件很罕见的事，只存在于个别危言耸听的传闻里。即使听说谁丢了孩子，我也会觉得这种离奇的怪事离自己很遥远。我一生勤勤恳恳工作，不做什么坏事，过着和无数普通人无异的生活，怎么可能有这么可怕的悲剧降临在我头上？可就算魔鬼已经造访了我，这种倒霉事怎么能轮到我的头上？没想到在这个小小的白石洲竟然就有我的同伴。

谢岳瘦骨嶙峋的模样在我眼里也多了一层意味，我不禁疑惑：自己是不是很快也会变成他这样？

就像打开了一个命运的开关，从那以后，类似的事开始接二连三地发生，世界似乎终于开始向我展露它的全貌。

2007年12月，我在电视上看到了一则寻人启事，内容是一

个叫莫金昌的孩子在家门口被骑摩托车的人抢走了，这个“抢”字让我不禁皱起了眉。

第二天一早，我就跑到莫金昌家里。莫金昌的父母告诉我，当时他们几个人在家门口打麻将，一个年轻人骑着摩托车在旁边晃悠了一会儿，忽然把一岁多的孩子拽上摩托车就抢走了。父母二人开着拉货的小面包车在后面狂追猛赶，一场撕心裂肺的追逐很快就宣告结束，他们眼看着摩托车消失在车流中，此后再也没能找到一丁点儿踪影。

这件事给我的内心带来了强烈的震撼。1个月前，孙卓被拐走时，我想你可以偷一只猪、一头牛，但是你不能偷一个孩子。我却没想到还有人敢在父母面前将一个活生生的孩子抢走，猖狂至极，无法无天，这完全颠覆了我对人性之恶的想象，也再一次打破了我对当时社会治安的信任。

很快，我联系到与莫金昌的家长同在宝安西乡的另外5名家长，包括吴林媚、程明、黄桦、胡俊、张家辉的家长。他们当中有人怒发冲冠地告诉我，孩子丢失半年后都还未能立案。

2007年12月28日，一名叫符建涛的孩子失踪，引起了我的注意。符建涛也生活在南山区，年纪和孙卓差不多大，也是在家附近玩耍时被趁机拐走的。符建涛丢失后，他的妈妈彭冬英找到了我。

她泣不成声地告诉我，符建涛在丢失前不久曾在电视上看到过深圳电视台播报孙卓的寻人启事，年仅4岁的符建涛说：“有人贩子我不怕，我打110。”彭冬英当时觉得自己的孩子很聪明，也很勇敢，可是没想到几天后，同样的悲剧竟然真的降临了。

多年来，我所接触的所有被拐儿童案件中，最让我重视的就

是符建涛的案子。两个孩子的年龄、所在地区、被拐方式、被拐时间全都相近。根据监控录像中人贩子熟练的作案手法，警方推测该人贩子是一名惯犯，也认为他在拐走孙卓以后，很有可能还会在他熟悉的地区继续以相似手法作案。因此，我和彭冬英也一直走得很近，我们奔波在路上，一起呐喊，一起沉默，一起迷茫，也一起振作。我盼着她能有好消息，她也盼着我有新线索，因为这两个孩子很有可能就是被同一帮人贩子拐走的。

后来我还了解到，彭冬英是孤儿，和弟弟两人相依为命，幼时不得不过着寄人篱下的生活，跌跌撞撞地长大。和我一样，她早早就带着弟弟来到深圳打工。弟弟进厂时还非常年轻，有一天晚上他在工厂的宿舍休息，房间里忽然冲进来几个人，将他乱刀捅死了。警察查出，凶手是进来寻仇的，却杀错了人。很快，悲剧再次降临，彭冬英年仅 4 岁的儿子又被人贩子拐走，不知所终。听了她的故事后，我几乎不忍言语，只有沉默和叹息。我认识太多不幸的人，太多在痛苦中挣扎的人，我早就知道命运可以多么残酷。可是像她这样接二连三承受着巨大悲剧的人能有几个？好像老天爷就是特地要击垮她一样，一次不行，再来一次，但是她都尽数承受下来，这样支离破碎、摇摇晃晃地前行，直到很多很多年以后……

自从发现孙卓并不是个案后，我开始在广州、云南、贵州等南方地区东奔西跑，联合各地的寻亲者一一收集名单，盘算着要去一趟北京以寻求更多北方媒体的关注。在东莞，作为寻子家长核心人物的郑春忠给了我一张名单，上面罗列着近几年东莞失踪儿童的名字，竟有一百多个，而云南一位家长给到我手中的名单

里足有四百多个名字。

序号	姓名	性别	年龄	失踪地	失踪时间
1	彭文乐	男	3.5 岁	深圳	2008.3.25
2	孙　卓	男	3.5 岁	深圳	2007.10.09
3	程　明	男	1.5 岁	深圳	2006.11.24
4	胡　俊	男	3 岁	深圳	2007.3.23
5	黄　桦	女	6 岁	深圳	2006.10.03
6	符建涛	男	5 岁	深圳	2007.12.28
7	吴林媚	男	6 岁	深圳	2007.2.16
8	陈　琦	男	4 岁	深圳	2004.2.16
9	陈耿浩	男	4 岁	深圳	2003.6.20
10	蔡佳玲	女	3.5 岁	深圳	2008.6.27
11	文川川	男	2 岁	深圳	2004.4.16
12	杨海龙	男	2 岁	深圳	2003.1.16
13	杨小弟	男	2.5 岁	深圳	2004.12.19
14	尤德勇	男	2.5 岁	深圳	2004.10.17
15	周舒淇	女	2.5 岁	深圳	2001.10.11
16	吴永涛	男	0.6 岁	深圳	2007.4.27
17	张家辉	男	3 岁	深圳	2007.8
18	柴满赢	男	3 岁	深圳	2007.6.10

2008 年收集到的深圳市部分被拐儿童名单，大部分已找到

也是从这个时候开始，我内心的自责和悔恨反而缓解了一些。过去我一直责怪自己和妻子没有照顾好孩子，后来我渐渐明白，这不是我上辈子做尽坏事遭到了报应，而是这些丧心病狂的犯罪分子让我们的社会生病了。

那一年的11月底，我与西乡三围村的6位家长一起做了一条横幅，跑到深圳市委大楼的门口，想向领导们反映拐卖儿童问题的严重性。那天什么人都没有见到，但是在几天后，我发现《东方日报》做了相关报道，报纸上就印着我们几个拉横幅的照片。我知道我们做出的努力是有意义的。

2008年3月26日，我接到一个男人的电话。他叫彭高峰，在电话里哭得上气不接下气，告诉我他的儿子彭文乐在3月25日丢失了。他跑来白石洲找我，一见到我就眼泪汪汪的，活像刚被人胖揍了一顿。看着他痛苦而茫然的样子，我想起了几个月前的自己。

我安慰他不要着急，教他先回去找一遍监控录像，又教他也挂一个寻子招牌。他回去后果然就给自己开的电话超市换上了“悬赏十万寻儿子店”的招牌。过了两天，他又跑来找我，整个人憔悴不堪。于是，我又带他去找《南方都市报》、《深圳特区报》《晶报》和《深圳晚报》等媒体。后来的几年里，他总是风雨无阻地跟我一起四处寻子。

随着所认识的被拐儿童家长越来越多，我也在他们当中有了一定的号召力。家长们一旦得知了什么消息都会第一时间联系我。

有一回，我听说河南淅川县在半年内接连有8名孩子失踪，案发地集中在以县城为中心且半径不到5千米的范围内。恐慌在当地不断蔓延和发酵，一条骇人听闻的流言传得沸沸扬扬，大家都说淅川县有一个专门偷盗儿童肾脏和眼角膜的团伙，失踪的孩子都被这个团伙的人取下了器官。谣言四散，越传越凶残，最后

人们都说孩子们的眼珠被活活挖出，肾和心脏等也被活活取出，一时间闹得人心惶惶，恐怖极了。

“在 2007 年 12 月 23 日，时任国务院总理温家宝就此案做出批示，要求地方各级党委政府切实重视此案，从对人民利益负责的高度尽快侦破案件。批示在当天被迅速传达到郑州成为河南省委内部第 1458 号转文。”南阳市警方组织了 300 多名警察参与排查线索，市公安局也调动了刑侦、技侦、治安、网监等部门力量，会同淅川县公安局 100 余名民警组成专案组，强力开展侦破。在短短的 8 天内，警方将 8 名失踪的当地男童全部找回，另外还救出了一名西峡县的被拐儿童。

这个消息令我震惊不已，也让我看到了真正的希望——只要国家足够重视，能够投入足够大的力量，每一个孩子都有机会回家！

我开始调查这个案子，想搞清楚它是怎么引起领导人的注意的。过了好几个月，我才了解到是新华社记者向国务院写了“内参”，才能将此案报送到总理的办公桌。我喊上彭高峰，几经辗转终于见到了新华社驻深圳记者站的彭勇。我拿出了一沓厚厚的名单，当时上面已经登记了足足有三千多名被拐儿童。

“彭记者，我保证这上面的每一个名字都是真实的，每一个家长的电话都能打通！”

彭勇翻看着这些惊人的资料，沉痛地向我们保证，他必须写一份“内参”。

那段时间里，我又幸运地找到了深圳市公安局副局长秦伟。那天杨小弟的家长跟着我见到了秦局长，当场流了半碗眼泪，几

度崩溃下跪。秦伟听到我们所反映的问题，也愤怒地表示："由我牵头，一定要侦破此案！"

没过多久，深圳市公安局的领导把我叫到局里，告诉我可以放心了。原来当时的政法委书记已做出批示，要求重视拐卖儿童案，而他们也决定投入大量的资金和人力，成立深圳市公安局打拐办。无论是对我而言，还是对千千万万的寻亲者而言，这都是一个意义非凡的时刻。

对于孙卓一案，深圳警方也高度重视，想尽了一切办法，还邀请中国刑事警察学院的画像专家赵成文教授来深圳画像。

同年，我见到了宝贝回家网站的站长张宝艳，和她一起参加了在杭州举行的寻亲大会。宝贝回家网站在2007年建站，在一年时间里迅速壮大。网站上登记的信息越来越多，参与进来的志愿者当中有寻子家长，有热心的普通人，也有人大代表。而那天的寻亲大会现场足有三千多人，浩浩荡荡的寻亲者们哭的哭，跪的跪，喊的喊，呼号声直冲云霄，让我无比直观地感受到了什么叫作"哀鸿遍野"，只不过大家遭受的不是饥饿之灾，而是生离之难。

2008年4月，《楚天都市报》的记者陈杏兰从湖北来到深圳。陈杏兰是一个很有理想的年轻记者，她代表家乡媒体远赴深圳，想要号召全国各大媒体一起呼吁国家修改法律，从买方市场入手，从源头上根治拐卖儿童的问题。为了推动法律制度的变革，陈杏兰每天不是在写稿子就是在打电话，到处联系社会各界人士，呼吁媒体的记者也都来关注此事。

在陈杏兰的介绍下，《凤凰周刊》当时的首席记者邓飞独自来

到了我的店铺门前。他看见我挂的寻子招牌，非常震惊和愤怒，在沙河街上气得跳脚，说要带我去见广东省委书记汪洋。后来我在网上查找邓飞的资料，才发现他在2004年就发表过一篇关于湖南衡阳某福利院参与拐卖儿童的文章，事实上从2004年开始，他就在关注儿童拐卖问题。

同年5月，也是通过陈杏兰，我接触到了被称为“护法英雄”“议案大王”的深圳市人大代表杨剑昌，在他的办公室里向他反映拐卖儿童问题的现状。

杨剑昌说：“我都知道，我一直在关注对你们的报道，孙海洋寻儿子我也知道。”

他陆续从办公室的文件柜里拿出了整整半米厚的纸质资料，他说：“这是我花半个多月时间整理出来的相关材料和建议，我已经向国家最高领导人上书建议建立相关制度，帮助你们找回孩子。”

我亲眼看见他的资料里有厚厚一沓寄发名单，上面赫然写着“国务院总理收”。

杨剑昌告诉我们，我国每年有二十多万儿童失踪，目前仍然没有放弃寻找的案件逾60万件。当时，我亲手收集到的名单里已有三千多个名字，拿在手里沉甸甸的。而从杨剑昌口中说出的这两个庞然大物般的恐怖数字已然超出了我的认知和想象，我冷汗直淌。

60万本身是一个没有意义的数字，但数字背后的“人”赋予了它非同小可的重量。有人说时代的一粒灰尘落在普通人身上就是一座山，那么60万粒灰尘就是60万座大山压在这片土地上，

背后是60万痛不欲生的父母，60万个破碎的家庭。

这些所见所闻让我深感震撼，悲从中来，却也愈加坚定。即便做这件事就像夸父逐日，有一天会令我渴死于途，我也必须站出来，必须为背着大山的人们发出声音。

我们要让更多人知道，拐卖儿童不是个案，是更需要引起全社会关注的重要问题。如果继续任由儿童被当作商品肆意劫掠和贩卖，那么照顾这门生意的绝不仅仅是疏于看管的父母，而是整个沉睡的社会。

只有更多人意识到这一点，更多人对这门生意感到愤懑不齿，对我们的锥心之痛感到深切同情，未来才有可能发生改变。只有让更多人看见悲剧在不断重演，悲剧在撕裂我们头顶的同一片天空，我脚下的这条“逐日”之路才会有终点。

近半米高的文字材料，见证了杨剑昌的爱民情怀。昨日这位深圳市知名人大代表告诉记者，他已向国家领导人上书，建议加快成立“中国失踪儿童救寻基金会”，并为失踪儿童立法保护。

…………

杨剑昌在建议书中写道：我国每年有20多万儿童失踪，目前仍然没有放弃寻找的案件逾60万件。可与国外相比，中国对此缺乏必要的技术手段和制度架构。如果政府能推动“中

国失踪儿童救寻基金会”的成立，建立互联网DNA数据库，将为家长寻子筑起一条“绿色通道”……

据介绍，一些国家立有《失踪儿童法案》和《失踪儿童援助法案》，有失踪儿童国家援救中心……为此，杨剑昌呼吁，成立专门的工作机构，起草和完善相关的法律规定，这才是预防类似悲剧的最根本办法……

——《楚天都市报》，2008年7月2日，记者 陈杏兰

8

梦

深圳的春节没什么年味儿，这让我松了一口气。

我们没有回老家，因为过年这件事如今对我们来说没有任何意义。难道要我们剩下的这几个人坐在一起吃年夜饭，一起碰杯、放鞭炮吗？怎么会有过年这么残忍的事情？

2008 年初，孙悦已经在监利读完了四年级上学期的课程。她对这里发生的事一无所知。我并不是刻意要瞒着她，只是我总以为再过 1 个星期或者 1 个月，孙卓就能找到了。没想到小半年就这样过去了。原本我打算在深圳把生意做稳定了，就把孙悦接过来，安排她上小学。而今我也不知道自己算不算是“稳定”了。孙悦放寒假后，我还是决定把她带在身边。

在车站接到孙悦是在一个寂静的冬夜。我心事重重，不知道该怎么面对自己半年未见的女儿，也不知道该怎么跟她解释。我选择了逃避，我想她慢慢会知道的。

孙悦从车上跳下来，兴奋地喊道："爸爸！"

接着，我发现她的手上、脸上全是红黑色的大块儿冻疮，几根手指都流脓结痂了。这些冻疮在她手指上留下的伤疤一生都不会褪去。

我如鲠在喉。我们丢了儿子，也没有照顾好女儿。我想，虽然我总是东奔西跑，不能经常在家，但至少这里能给予她温暖。事实证明，她的到来缓解了我们的痛苦，却并没有给她留下多少快乐的回忆，而我也将陷入长达十多年的羞愧中。

我把她接到出租屋，开了灯，客厅赫然是一座简陋的寻子展览馆。我买下了所有报道拐卖儿童案件的报纸，买不到的我就自己打印出来，加上各种寻人启事、名单等纸质资料，密密麻麻地粘贴在四面墙上。对我来说，这些信息本质上意味着我的全部希望。

孙悦走进来，茫然地张望着，也没有发问。

出租屋里还有两个卧房。一间我和四英住，另一间母亲在暂住。那时，大哥、二哥和姐姐已经回到了老家，继续过他们的生活。母亲还在深圳，她不听我们的劝阻，总是自己偷偷地跑去找卓卓。孙卓从 1 岁到 3 岁都在母亲身边，是我硬要把他接来深圳的，一接过来就被我弄丢了。

在我的记忆中，母亲本来是一个瘦小却精力旺盛的中年女人，那段时间她好像忽然就变成了一个老人。她一个人扛着一块"悬赏二十万寻孙子"的板子，每天在深圳人流量最大的地方游走。一旦有人来围观，她就要在人群中下跪、哭喊。这给我添了很多麻烦。

母亲也多次独自跑到其他的城市。有时候她根本没有听到什么线索，就瞪大了眼睛在街头巷尾没有目的地到处走。有时候她会跑到每一个幼儿园门口，等小朋友放学了，就在那里眼巴巴地望着一个个从幼儿园走出来的孩子。有路人见她背着一块板子到处寻找孙子，像是一个很可怜的老人，还给她丢下一些零钱。

她坚持不要，还抓着人家说："我不是讨钱的，我是找孙子的。看看我的卓卓，你仔细看看。只要能告诉我孙子在哪里，我儿子就会送来20万块钱。"

她操着浓重的乡音，路人也根本听不懂。就这样整日四处折腾，她瘦小的身体又缩水了，眼睛也渐渐看不清了。《揭阳日报》曾经刊出过一篇报道《宝贝，奶奶在找你》，报道的就是母亲在潮汕地区寻找孙子的经历。

有一回，电视上播出一则新闻，报道了一个叫蓝树山的人贩子长期用玩具车拐卖儿童的案件。几年时间里，他参与拐卖的孩子，仅招供出来的竟然就有33名。母亲一声不吭地看完了新闻，第二天人就不见了。几天之后，我接到广西壮族自治区公安厅的来电，吓了一跳，还以为孩子找到了。结果他们向我求助，说我的母亲在他们那里下跪号哭，要求蓝树山再招供一个孩子出来，不把孙卓的下落说出来她就不起来。他们伤透了脑筋，请我快去把老人家接走。

把母亲接回来的那天，我才发现自己血液里流淌的这股"犟劲儿"原来是她给我的。她永远在路上，永远不认输。那个在雪夜里为孩子们偷菜薹的母亲，就是天塌下来了，她也会一手抵着

天，一手撑着地，在极狭的缝隙中步履不停。我也一样。

或许是这极狭缝隙中的氧气已所剩无几了，那一年，我也开始过得恍恍惚惚。

住在这个“寻子展览馆”里，每分每秒浸泡在巨量的负面信息中，我开始频繁地做噩梦。由于现实也不甚美好，我常常分不清自己究竟是走在现实的街道上，还是走在梦中的街道上。站在我眼前的这个人，嘴巴一张一合的，他究竟是在和我说话，还是在替我梦呓？

2008 年 5 月 8 日是奥运火炬在深南大道进行传递的日子，全城轰动，万人空巷，所有的行道树上都是飘扬的旗帜。在这热闹非凡的时刻，我就像个格格不入的异类，挣扎在一个接一个的噩梦里。我总是想不起来梦是从什么时候开始的。

每天早上 8 点，隔壁的幼儿园会准时播放做早操的音乐。

> 大公鸡，喔喔叫，
> 外面的世界多美妙！
> 小朋友们排好队，
> 大家快快来做操！

这个时间点我不应该在家里，我想。循着幼儿园的歌声打开家门，我发现门外的一切都显得颠三倒四。太阳正不幸地掉进两棵行道树中间，被纵横交错的枝丫截碎，变得四分五裂。黏稠的红黑色液体顺着树干往下坠，把我挂在上面的寻人启事都涂成了

猩红色。

城市的清晨人声鼎沸，然而所有的声音都被隔绝在一种巨大的嗡嗡声之外，什么也听不真切。我忽然想起来我是要去找孩子的，不管这是什么日子，对我来说都是“找孩子的一天”。我于是抬脚要走，一个穿警服的人忽然站出来，把我拦住了。

我们都没有说话，但我知道他的意思是我哪儿也不能去。幼儿园的音响还在唱：“大公鸡，喔喔叫，外面的世界多美妙！”

我急得跺脚，赶紧拿出一张寻人启事，想告诉这位警官，我不是去外面做坏事，我只是想去找我的孩子。可我却一点儿声音也发不出来，我越是努力，嘴唇越是像被缝住了一般完全张不开。我抬手一摸，发现我的两片嘴唇竟然真的被密密地缝起来了！我惊骇地瞪大眼睛，冷汗直流，只能在喉咙里酝酿恐惧的喊叫。

这时，面前又出现了第二个、第三个警察，他们的面目都一样模糊而可怖。很快，三十多个黑衣人陆续到齐，乌泱泱地把这条羊肠小道堵得水泄不通。我急得要命，不知怎的回到家中找出了一把水果刀，想把自己被缝住的嘴划开，好向他们解释一番。

镜子中自己的面孔也像被包裹在迷雾中，我来不及细想，锋利的刀尖刺下去，寒光一闪而过——我从床上惊醒，呼吸急促，胸膛起伏，冷汗浸湿了枕头。

这样的怪梦越来越多，填满了我的无数昼与夜。

有一回，我梦见自己从出租屋逃了出去。那是一个深夜，我打开门，发现看守者们都睡着了，小巷寂静如野岭。我一路打车，走一段路换一辆车，车子在夜晚的霓虹中流动。

一切都在流动，只有黑夜在我的头顶纹丝不动，平静、漠然地俯视着我。在我出生之前，黑夜就这样存在着。当我在大街小巷里狂奔，而我的孩子正在离我而去时，黑夜也无动于衷地注视着这一切。等到有一天我死去了，黑夜依旧岿然不动，人类的生老病死、悲欢离合对它来说毫无意义。在黑夜的看守下，世间万物有序地流动和更替。

我也不知道被一辆又一辆车带到了哪里，直到我忽然遇见一个寻子同伴。他告诉我，他一直在等我，我们要从这里乘火车去北京。

他的面孔像是刚从潮湿的大雾里捞出来，并不清晰。我也不知道他是谁，但听说他要带我去北京，就茫然地跟着他走了。我们走到一家小店，点了两份饭。这时我心里又犹如火烧：在这么紧急的情况下还吃什么饭？可是一到梦里我就说不出话来，我的嘴再一次越闭越紧。

果不其然，一碗盒饭刚拿到手，两辆警车就不知从什么地方开过来，正停在我们面前。车胎扬起一片灰蒙蒙的尘土，远处似乎失了火，又好像有送葬的队伍敲锣打鼓地走过，隐约传来女人的啼哭声。我抬头看着极暗的黎明天空，在心底问道：连我都不知道自己在哪里，他们怎么会对我的行踪了如指掌？

天没有回答我，它沉静地注视着这悲喜人间，始终不动声色。我再次从睡梦中醒来，以和梦中同样的姿态望着空白的天花板，泪水沾湿了鬓角。

现在回想起来，当年我的精神似乎也不太正常了。

我甚至还找了很多算命的人，有的告诉我孩子找得回来，有

的告诉我找不回来了。其中有一个算命先生听了我的经历，马上像个专家一样拍拍胸脯，他说：“你这事儿要听我的。”

“我什么都听你的。”我赶紧说。

“你到菜市场去买1只鸡，煮到半熟，拎着鸡绕着案子发生的房子跑7圈。记住，是7圈。一定要小跑，不要太快。一边跑，一边喊‘孙卓回来，孙卓回来’。然后你把这只鸡放在监控录像底下，跪下磕头，一边磕头一边喊‘孙卓回来，孙卓回来’。1个星期之后你再看，孙卓就在你家门口。”他说得像煞有介事，头头是道。

我也知道他在胡说八道，但在那个时候，鬼和我说话我都会信。于是我买了1只鸡，照他说的小跑7圈，然后在监控底下磕头。没想到这件事竟给我带来了长达几年的影响，每天早上，我都要带着一点儿期待打开门，看看门外有没有孙卓。如果没有，我就会想：是不是门开迟了？是不是我煮的鸡不够熟？是不是我喊得太小声了？

每日如此，日复一日，直到2010年我们搬离白石洲。

那时候，我在家的时间并不多，一旦在家，屋子里的几个人总要爆发争吵。我和四英吵，我和母亲吵，四英和母亲吵。饭桌被掀翻，碗被砸碎，菜糊在地板上，汤汁无声地洇开。

有一段时间，四英每天都在宝贝回家网站上浏览到半夜。网站上的信息越来越多，她一直在比对全国各地网友们上传的街边乞讨儿童的照片，希望里面有孙卓，又害怕里面真的有孙卓。她每天查看到深夜，还要躺在床上哭很久，第二天半夜4点要去店

里，根本起不来。店里的生意被我们两个彻底做没了。她怪我，我也怪她。

“叫你看孩子你不看，叫你做事你又不做。”我说。

“我怎么不看孩子？卓卓明明是交给你带回去的。”她一说起卓卓就哭哭啼啼。

“我都睡着了，怎么晓得他跑到哪里去？”我经常说这句话。

“卓卓是我一个人搞丢的吗？我在店里做事，你在干什么？你怎么不来做事？”她无理取闹道。

母亲在旁边也绝无可能劝架，我们俩只有被轮番咒骂的份儿。

“你们把卓卓还给我。”母亲怒道，她好像恨我们恨得要命。

我只能继续跟四英吵：“你当妈的连自己的儿子往哪里跑都不晓得？你怎么可能交给我就不管了？你明明晓得我是回去睡觉的。”

我也知道这些争吵没有意义，但或许用语言伤害最亲近的人在当时就是一种发泄。

四英越哭越大声，哽咽着说了一连串话，我根本听不清。她说着又开始用头撞墙，说一句话撞一下。长头发粘了泪水，把那张扭曲的哭容掩盖在阴影中。

她撞墙是经常的事情，我没有在意，随口回应着：“行啊，都怪我，我又要做包子又要 24 小时睁眼看着。我对不起你们好吧，我来给你们磕头好吧？”

四英忽然跳起来跑进厨房，我还没反应过来，她就拿了一把菜刀跪在我面前，给我磕头，说：“你把我杀了吧！”光裸的额头磕在瓷砖地面上，砰砰砰几声巨响，那是没有想着要活下来的声

音。她再抬起头的时候，额头已经破了，立刻开始冒血，看起来恐怖极了。

我一把抢过菜刀，赶紧丢了老远出去。

孙悦就在旁边看着这一切，没有什么反应。

我想起最早在武汉时，我一个人在餐馆搭了个小角落做包子。有一天彭四英走进店里，问餐馆的老板："你们这里要不要人做事啊？"

那个时候她 18 岁，顶着一张白净、天真的面孔。后来的很多年里，我做生意亏多赚少，四处辗转，生活困顿，她总是全然信任地跟着我。生下孙悦的当天，她还光着脚和我在河边捉鱼，没有一点产妇的样子。跑来永顺的时候，她一个人带着 3 个月大的孙悦，抱着七八个蒸笼和各种用具，一见到我，满脸的汗水都在太阳底下闪光。

我曾经以为她会一直这么生猛、欢快，什么也锤不垮她。

那天我猛然间发现，自己的妻子已经完全变了一个人。她跪坐在地上，还张着嘴哇哇地哭。那哭声像一个濒死之人发出的呼救，像生不如死的人在病榻上告饶，那种无意识的呻吟从她的身体里无力地涌出来、溢出来。那张连日浮肿的面孔浸满了泪水，因为过于用力而扭曲变形。两道鲜血蜿蜒着从额头流下来，把她的脸割裂了。

从那以后我的性格也变了。我变得很沉默，不怎么说话。后来还有一次，我们不知道是为了什么小事争吵起来，最终还是绕回到孙卓身上。四英又拿了把菜刀要剁自己的手，被我一把抢偏

了，刀背砍在手上，肿了好几天。所幸手还在。

渐渐地，我们不再轻易提起孙卓。在很多年后，偶然或不可避免地提起孙卓只会引发集体沉默，不会再引起疯狂。我们停止了伤害彼此，因为在内心深处，我们像同情自己一样对彼此怀有最深切的同情。

依照刑法有关规定，以拐卖妇女、儿童罪判处被告人蓝树山死刑……罪犯蓝树山已于近日被执行死刑。对于拐卖妇女、儿童犯罪，我国司法机关历来坚持从严惩治的方针。其中，偷盗、强抢、拐骗儿童予以出卖，造成许多家庭骨肉分离，对被拐儿童及其家庭造成巨大精神伤害与痛苦，在社会上易引发恐慌情绪，危害极大，更是从严惩治的重点。本案中，被告人蓝树山拐卖妇女 1 人，拐骗儿童 34 人予以出卖，不少儿童被拐十多年后才得以解救，回到亲生父母身边。众多家长为寻找被拐儿童耗费大量时间、金钱和精力，其中有 1 名被拐儿童亲属因伤心过度去世。综合考虑，蓝树山所犯罪行已属极其严重，尽管有坦白部分拐卖事实的从轻处罚情节，法院对其亦不予从轻处罚。

——《最高人民法院发布惩治拐卖妇女儿童犯罪典型案例》

2015 年 2 月 27 日

9

命运的囚徒

2008年，我获得了这样一条线索：河南新乡市原阳县的一户人家在2007年10月曾经买回了一个男孩儿，长得很像孙卓。

这个完美对应的时间点让我立刻就踏上了去往河南的旅途。当时，深圳的沙河派出所将我的案子安排给了崔宏凯警官，并告诉我有任何线索都可以向崔警官求助，他们会全力配合。此行我抱着不小的希望，崔宏凯和深圳市公安局南山分局派出的另一位警官与我同行。我们多次转乘火车、汽车到达当地后，又联系了原阳县的刑警大队，警队人员开了两辆警车直接带我们去往买家的住处，并做好了将孩子带离的准备。

我们的车越开越偏僻，路也越走越颠簸，在一个小村庄里左弯右绕，终于按照线索中的地址停在了一户小农房前。这个房子的外表破败不堪，看起来好像随时会倒塌。我困惑极了：这么穷苦的家庭还要花钱去买孩子？

我非常期待见到这个孩子，可我仅看了一眼，就知道他根本不是孙卓。我不死心地走近去确认他头顶的发旋，找来找去也只有一个。孙卓的头顶有两个发旋。屋子里又走出来一个农村妇女，是孩子的养母。

养母承认道："孩子是我去年花 3 万块买回来的，如果是你的孩子，你就带回去吧。"

她看起来很友善，带着局促和淳朴，却不见愧色。

我们一帮人都僵住了。买孩子确实是违法犯罪，但是在实际的执法和司法落地的过程中，买方往往不会被追究刑事责任。这个孩子也确实是被买来的，可如果要解救，又要送往哪里呢？

孩子不是一个钱包，可以轻易从小偷手中收缴和安置。

这时，看热闹的村民已经围了里三层外三层。见我们左右为难，村民们在旁边议论起来，劝解道："不是你的孩子就算了吧。她很苦的！"

我问道："她怎么很苦了？"

"她本来有一个儿子，养到 18 岁，前两年被车子撞死了。"

"她男人有癫痫，话都说不好，家里又穷……"

村民们七嘴八舌，议论纷纷，对这个孩子的养母很是同情。

"既然这么穷苦，她哪里来的 3 万块买孩子？"我百思不得其解地问道。

"这个钱……是我们村里每家每户出钱筹给她的，为的就是帮她买这个孩子回来。她都这么可怜了，我们不帮她还有谁会帮她，都是一个村子的，不能看着他们家就这么完蛋了……"

我和同行的警员们对视一眼，都从彼此眼中看到了深深的震惊。

我想：孩子虽然不是孙卓，但是既然我们发现了一名来历不明的儿童，是不是也应该开展调查？结果我们很快发现，这个孩子并非“来历不明”，他竟然在当地就进行过合法的户籍登记。我至今都不明白，户籍作为国家户政机关用以记载人口基本信息的法律文书，怎么会被这些买卖孩子的人随意篡改？这怎么会成为一件司空见惯的事情？

我们不知到底该如何是好。我也说不清自己是愤怒还是同情，唯有深深的悲哀激荡不已。

望着这些“好心”集资帮扶友邻的村民，我竟感到自己才像是一个恶人，像一个不请自来的掠夺者。最终，我们一无所获地离开了。回深圳的漫长车途中，窗外的田野沉默不语，树木快速移动，那些景象似乎都失去了真实感。

在这个偏僻的村庄，“家”的延续是指引人们生活的某种既定秩序，却没有人想过买一个孩子会给无辜的人带来多大的伤害。这份恶行一方面源于生育所承担的传宗接代这种落后思想；另一方面，他们当中似乎没有人知道买孩子是违法犯罪的事情，也就不以此为恶。

我在内心深处反复叩问：如果这里没有人穷凶极恶，那么是谁在任由恶行遍地开花？是空手而归的我们吗？又是什么使我们束手无策呢？

离开原阳县后，我始终放心不下那个买来的孩子。直到 2012 年，我最后一次通过网络向社会求助，希望能帮助这个孩子找到

他的亲生父母，却至今无果。

2008 年是我做噩梦最多的一年，也是我找孩子找得最不要命的一年。来自社会各界的关注不断增长，我每天都能接到提供线索的电话。这些线索有的给了我极大的希望，让我一得知就激动不已；有的听着就像是捕风捉影，我却还是要亲自去落实才能放心。

车票换了一张又一张，就在这一年我跑遍了大半个中国。

这之前，我开了多年的包子铺，身体一直很健康、结实。直到 34 岁这一年，我的身体忽然每况愈下，经常头晕、头疼。让我最苦恼的是我开始严重晕车，一到汽车或者火车上就吐得眼睛都睁不开，无法保持清醒。

有一回我们得知，广西藤县一男子在 2007 年买回一名男童。我和《凤凰周刊》的记者邓飞打算先到东莞接寻子家长郑春忠，然后一起去广西落实情况。结果才从深圳抵达东莞，我就已经站都站不住了。

我在路边弓着背，感觉到呕吐物不断从鼻腔、口腔中涌出来。周围的一切天旋地转，似乎都在扭曲变形，我几乎忘记了自己在哪里，忘记了自己是怎么来到这里的。恍惚中，只有一个念头依然紧紧抓着我、支撑着我，那就是我要去一个地方，那里有一个孩子，我一定要看看他的模样……

邓飞知道我已经到不了广西了，他要求我回深圳，不让我继续同行。他喊上了彭高峰，并向我保证一定会帮我查清楚那个孩子到底是不是孙卓。

后来发生的事是邓飞和彭高峰转述给我的。他们到了广西藤

县，找到了被举报的那户人家，户主是农民梁某。他家中确实有一名买回去的男童，却不是彭文乐，也不是孙卓，不是我们所知道的任何一个孩子。除此之外，他家中还有一名女童。

邓飞很快就发现这个女童似乎也是买来的。

梁某毫不避讳，承认道："买男孩花了 1 万块，买女孩花了 3 000 块。"

邓飞压抑着怒火问道："你为什么要买别人的孩子？"

他诚实地说："好养老。"

他们在那里逗留了半天，想尽办法试图解救这两名孩子。邓飞跑到当地派出所，质问孩子的户口是怎么登记上的。派出所的民警愣了一下，说："孩子都有出生证明……是村委会开的证明，村支书证明了这两个孩子是他的。"

经了解，梁某和村支书并无关系，那么村委会为什么要包庇和协助他收买孩子呢？我们不得而知。

半天过去，他们又发现了一件更奇怪的事。梁某的老婆看起来很正常，不像是生病了，也不像是有什么智商上的缺陷，说起话来却颠三倒四、支支吾吾，像刚开始学说话的婴儿一样，难以沟通。

最后，梁某告诉他们："我老婆也是从越南买来的。"

他一个人购买了三口人，就这样凑成了"幸福的一家四口"。

这简直是荒诞至极。可当地的村民都习以为常，不以为意。这是中国乡村存在的情况——没有孩子就买孩子，没有老婆就买老婆，也不会有人去举报买家。在许多人的观念里，只要买进了

家门，门一关，这就是别人的家事。谁又管得着呢？

而《中华人民共和国刑法》当中的软性条款，也为买方提供了可以供他们钻的漏洞。他们屡次违法，却从未获罪。这成千上万的“人口消费者”养育着一条黑色产业链，他们是人口贩卖问题的根源，是沉在罪恶河底的无声暗流。他们解决了自己成家、养老、传宗接代等问题，和别人的至亲过上了貌似美满的生活。

为了满足这些消费者的市场需求，总会有投机者铤而走险拐走别人的儿女，以几千元或者几万元不等的价格予以卖出，也就成了我们说的“人贩子”。

当时，我因严重晕车而独自返程，有腿不能走，有口不能言，去医院看病也查不出什么异常。我只能卧床休息，听他们向我诉说此行的见闻，深深感受到，对梁某来说，我们的痛苦显得多么遥远、多么无力。

2008 年 8 月，我曾踏上一段最接近绝望的旅途。

宝贝回家网站的站长张宝艳告诉我，宁夏有一个走失的孩子被热心人送到了派出所，报道上的照片很像孙卓。我看到照片后也觉得很像，就是瘦小了一些，看起来没有孙卓那么结实健康。我将这张照片给了崔宏凯警官，请他们调查一下。崔警官致电询问宁夏当地的派出所后，告诉我孩子只是走失了一会儿，已被家人领回。

我失落地坐在家里，对着那张照片左思右想，想到我的孩子在外面快一年了，肯定是挨饿受冻，过得很辛苦，才会长得比以前瘦小。我越看越像，觉得这个孩子肯定是孙卓。我又打电话给

派出所请求核查情况，几天后崔警官告诉我，这确实是别人家的孩子，人家有自己的父母和爷爷、奶奶。

我不相信。

崔警官又没有去宁夏看过，又不去给我采血验DNA，怎么可以打个电话就告诉我不是孙卓？我夜不能寐，走火入魔，走到哪里都带着那张照片。最后我想：有没有可能是买家和宁夏那边打通了关系，想合伙诓骗我？

我即刻买了一张火车票，从深圳坐到郑州，又从郑州转乘大巴车到了西安，再从西安往宁夏去。一路上，晕车就快要了我的命，几次让我躺倒在路边。

等我终于到了宁夏，我心想：我不能惊动了买家和当地警方，我必须直接把这个孩子抓到，不能让他们调包了！

我打听到了当时做报道的《宁夏日报》的报社地址，又找到做这份报道的记者，请求他帮我去派出所调查孩子的去向。记者向我解释，说“那真的不是你的孩子”。可我远道而来，面容憔悴，又不断恳求。他不忍拒绝，真的帮我打听到了孩子的去向。

最后，我终于在当地的一所幼儿园见到了照片上的孩子。

我双手颤抖，心跳奇快，哑着嗓子喊道：“孙卓！卓卓——孙卓！”

那个孩子没有任何反应。

我走近去看，每多走一步，心就凉了一分。这个孩子根本不认识我，长得也没有照片上那么像。我不管不顾，拉着他细看，发现他的头顶只有一个发旋。

就像某个一脚踩空的梦，我被突如其来的失重感袭击了，世界天旋地转。我感到自己两脚悬空，躯体一落千丈，心脏则涌到了喉咙口，几欲被我呕出。面前的水泥地啪嗒、啪嗒地落了几滴雨，接着我意识到这些深色的水滴是从自己脸上落下去的。我张着嘴，没有发出一丁点儿声音，哭声被送往了另一个世界。

这具躯体忽然失去了一部分生命，像被抽了线的提线木偶，太沉、太重了。我没有办法把它带回家，只有将它拖行到旅馆，让它横陈在地。眼泪不断流淌出来，我却再也找不回控制这些水分的意志。它们是一张咸涩、幽暗的网，将我牢牢拥住，不让我动弹。

天黑、天亮、天黑、天亮……

天色反复交替，而我像一个被判下死刑的犯人，躺在这间囚室里，远离故土与人烟，等待着最终的解脱。

其实死到临头的人是最幸福的。跳楼轻生者落地前的最后一瞬，溺亡者失去意识前的最后一瞬，脱水的鱼停止挣动前的最后一瞬……多么令人憧憬的时刻。我每每闭上眼睛就祈祷，不要再醒过来了，不要让我再面对一个新的明天。明天之后还是明天，究竟我的生命里还会有多少个这样的明天？

我又想，或许我会在入梦之后如梦初醒，发现我这三十多年的人生竟是大梦一场，而我真正的生活原来在另一头，有另一种截然不同的面貌。我闭着眼，无声地喃喃道：如果我不叫孙海洋就好了，如果我是另一个人就好了。

如果能将完整、自由、有尊严的生活还给我，我发誓我一定

会重新做人。我可以改正我没有做对的一切，我可以给出我所拥有的一切，怎么样都可以。只要能再给我一次机会，让我从这间看不见解脱之日的囚室中走出去，走到外面灿烂的阳光下。我会像经年累月久居黑屋的人一样眯起双眼，在刺痛中直视太阳，忍着两颗滚烫的泪水。

然而几天后，路过的徐风吹干了泪网，这具躯体又像上了发条似的移动起来。

我想起家里还有养育我成人的父母，还有同样承受着失子之痛的妻子，而我的儿子也不知在这人世间的哪个小角落哭泣，喊着：爸爸、妈妈，我在这里！

眼睛可以不看，嘴可以不说，耳朵却无法逃避。那些遥远的呼唤声像敲响在我头颅内部的巨大钟声，层层叠叠、久未断绝。先是手指蜷缩，接着左腿僵硬地屈起，右腿紧跟其后，躯干拱起犹如挣扎的鱼，我死而复生，站了起来。我在狂鸣的钟声里晕头转向，努力找回呼吸的节奏，然后迈出第一步、第二步……

打开门之前，我告诉自己：你叫孙海洋，这就是你生活的真实面貌。生命不息，寻子不止，这就是你的命运。

《刑法》第241条第1款明文规定："收买被拐卖的妇女、儿童的，处三年以下有期徒刑、拘役或者管制。"但是，在司法实践中，公众往往只看到拐卖者被严惩，而收买者则被"宽

大处理”了。一个重要原因是，《刑法》第241条第6款规定：“收买被拐卖的妇女、儿童，按照被买妇女的意愿，不阻碍其返回原居住地的，对被买儿童没有虐待行为，不阻碍对其进行解救的，可以不追究刑事责任。”

——《打击拐卖儿童需修法严惩买方》，熊伟

《法庭内外》，2010年第11期

我国现行刑法在保护妇女、儿童权利方面的进步有目共睹，但是任何法律一经制定，就已经滞后，当法律的漏洞无法通过解释学予以弥补，修改法律就是一个合理的选择……刑法有关收买被拐卖的妇女、儿童罪的规定存在着人不如物、买卖人口刑罚失衡的漏洞，不符合共同对向犯的基本理论，背离了民众朴素的法感情，对于人身权的保护并不充分。综合考虑历史经验和大部分国家和地区的法律状况，有必要慎重考虑修改法律的建议。

——《论买卖人口犯罪的立法修正》，罗翔

《政法论坛》，2022年第40卷第3期

10

烈火

在很长的一段时间里，我被愤怒支配着，时时感到自己正在遭受烈火炙烤。

为了排解这种淬火之痛，我将自己的愤怒不加控制地诉诸周边的世界，我质问、呐喊，甚至是咆哮，只恨不能凭空点燃脚下的这片土地。

2008 年至 2011 年，几乎每个月我都会发起寻子活动。我在各省组织了寻子联盟，每次活动前先通知几位寻子家长代表，再由他们将情况转达给其他家长。每年的“六一”国际儿童节、中秋节和国庆节，当家家户户都在欢庆节日时，我们就会从全国各地汇聚到一起，痛饮彼此内心的苦闷。

2009 年 5 月中旬，我联系了深圳的彭高峰、陕西余严俊的家长和江西何定涛的家长等人。当时我已经无法购买飞机票，只能坐火车先到河北省石家庄市，在那里和几个家长碰头。那个时候

没有“微信”，我拿出一份经过筛选的名单，请所有人坐下来，挨个打电话给名单上的人。我们挤在一个小房间里各自“喂喂喂”，机械又充满感情地传达着同样的内容，沉默又嘈杂地发出相似的声音。

6月1日，我们一行六七十人到了北京。我们选择在四环外的一个公园落脚，很快又转移到五环外的一个广场。我们希冀从阴影中走到太阳下，又担心自己会化为灰烬，只好游走在强光的边缘。我们纷纷从背包里掏出各种资料，A4纸大小的寻人启事、发黄的胶印照片、摇扇状的寻人牌、等身长的寻子挂布，全都摆摊似的一一摆开。接着我们拉起一张巨大的寻子海报，实长300米，印着共计2 700名失踪儿童的信息，至少需要30名家长才能完全把它扶起来。这种巨型海报我们做了好多，有长100米的，也有长200米的，最长的一条有380米。为了展开这张海报，我们总是需要找到一个大型广场。一时间，许多稚嫩的面孔漂浮起来，许多双被定格的眼睛茫然地注视着远方。

初夏的北京，街道笼罩在刺眼的、令人发昏的白光中。人们经过时会眯起眼睛打量，他们带着惊疑、同情或是厌烦的表情，无论何种情绪，都像一副副苦苦忍耐的面具。

当围观的人越来越多，我就会举起话筒向人们喊话：“今天是儿童节，所有的小朋友都在过节。父母看到自己的孩子开心，也都很开心。但是对于我们来说，这是一个痛苦的日子。因为我们不知道自己的孩子在哪里，过得好不好。”

那段时间，在家里我总是长久地保持沉默，生怕一不小心泄

露了身体内部随时要爆裂的火焰，生怕自己会忽然不顾一切地挣扎和喊叫起来。但是在“寻子广场”上，我是一个滔滔不绝、青筋暴起的质问者，将全部感情都投注在这些愤怒的声音里。或许正是因为深感微小和无力，我才无比渴望自己的声音能被放大和听见。回过头来，那时我的发言总是充斥着廉价的、毫无方向的愤怒。

“为什么人贩子能在光天化日之下偷走那么多孩子？为什么孩子被买回去都可以在当地‘上户口’？公理在哪里？正义在哪里？法治在哪里？”

等我说得差不多了，我就会把话筒递给何定涛的家长何治生。我刚认识何治生时，他是个内向的人，经常跑到深圳来找我商量办法。他很怯场，人一多就不敢讲话。可是几次活动之后他也完全变了，总在一旁等着要发言。

他从我手中接过话筒，一张嘴就中气十足地怒吼：“他们是天上掉下来的瘟神——！地下钻出来的魔鬼——！他们偷走了几十万个孩子！他们毁灭了几十万个家庭！”

他的声音能把十几米外的路人都吓得频频回头，仿佛行道树也听得簌簌震动。

后来他还会在活动现场唱歌，总喜欢唱一首《宝贝回家》。

宝贝，我把你的照片放在这里，

放在那片明亮的月光下面，

放在星星们都能看到的地方，

放在每一个被泪水洗过的早晨。
宝贝，我把你的照片放在这里，
放在那些模糊的灯光下面，
放在我们找寻你的路途中，
放在颠沛流离的岁月里。
宝贝，我要让全世界都看到你。
宝贝，我要让全世界都认识你。
宝贝，我要让全世界都记住你。
宝贝，我要让全世界都呼唤你，呼唤你……

他的歌声嘹亮，里面总夹杂着母亲们的啜泣和哭喊，像一种深情的和声。许多人会皱着眉头快步走远，并不是因为他们对此无法共情，而是因为他们内心起了波澜，又深知无法提供帮助，便只能选择无视。

那几年，我们这一群人总是这样浩浩荡荡地跑到全国各地，恨不能闹得鸡飞狗跳，让所有人都不得安宁。

我怒气冲冲，睁眼、闭眼就是要和整个世界作对。当我在北京的大街小巷里带着深深的恐惧四处逃窜时，我会一边奔跑一边频频回头，每一次回头都觉得会迎上某张狰狞恐怖的大脸，却往往只能看见未知的黑暗。那种黑暗像一个小匣子，将我闭锁其中，让我目不能视、口不能言。我在匣子里徘徊、游荡时，总是会想起母亲，想起她讲过的故事。

小时候我们住在风一吹就倒的茅草屋里，天一黑村子里伸手

不见五指。母亲做完了白天的活儿，见我瞪着眼睛无法入睡，就会给我讲故事。

这些故事总是发生在一个神秘的村庄里。

村子里的人们并不富裕，却都怡然自乐，因为他们共同拥有着一件美丽的宝物——月亮石。月亮石的来历，谁也说不清。有人说它是在一个月光皎洁的夜里从天上落到人间的一块碎片，有人说它是嫦娥思念故土时流下来的一滴眼泪，有人说它是外来者从古代王侯将相的墓中盗出的陪葬品，还有人说它是这个村庄千百年来孕育出的灵物……村子里有一条铁规矩，每个新生儿都要在满月前来见一见这块不凡的宝石。只有见过它比太阳还要夺目、比月亮还要皎洁的光芒，婴儿才能真正来到人间，否则就只能活在一个灰蒙蒙的、阴冷而混沌的世界，那里四处飘荡着死去之人的鬼魂，日夜响彻着鬼魂们尖厉的号哭，只有乌鸦们能在两个世界之间往来。

村子里有一位深受人们爱戴的村长，他为村子做了许多好事，人们都叫他好村长。村子里还有一名特殊的守护者，他负责日夜守护月亮石。这位守护者的年纪，村里的人也都说不准，有人说他是20岁的青年，有人说他明明是年过半百的老人，还有人说守卫者从他爷爷的爷爷那一辈就已经在守卫月亮石了。总之，守卫者存在于每一个活着的人最初的记忆里。只要有他在，就没有人敢打月亮石的主意。

然而在某个夜里，一阵阴森诡异的秋风席卷了这个世外桃源。村庄在狂风的摧残下摇摇欲坠，窗外的天空乌黑、阴沉，被这阵

怪风拧成了扭曲的麻绳。阴风所到之处无不响彻着呜呜的咆哮，越来越快，越来越凶，所有的建筑都颤抖在土崩瓦解的边缘，直到某一个瞬间，一切都在失控的摇动中静止了。村庄像被定格住了似的悄无声息，所有人都陷入了死亡般的昏睡，包括那名月亮石的守卫者。

第二天清晨，鸟儿啁啾，秋风徐徐，拂动树叶发出沙沙的声响，人们在酣眠中陆续醒来，发现飓风就像一场梦，一切似乎都安然无恙——除了月亮石。

月亮石被盗的消息很快传遍了整个村子。可惜好村长对这次神秘的失窃事件一筹莫展，最后他宣布：月亮石有灵，它会一直留在我们每个人心中！

人们虽然伤心难过，但也接受了好村长的劝告，除了守卫者。守卫者认为，宝石虽然被盗走了，却不会被人扔进河里，也不会被人毁掉，宝石一定还在这个世界的某个角落。于是守卫者向全村辞行，决定去告诉国王，他们深爱的宝石不见了。

好村长担心极了："这一路凶险，外面的森林里，成群结队的野兽都饥肠辘辘，你会命丧途中。"

守卫者不听。

夜里，他带着火把一个人出发了。火把的烈焰赶走了黑夜。他只身穿过充满威胁的茂密丛林，蹚过埋伏着凶猛水兽的溪流，攀过恶狼成群出没的高山，向黑压压的天际线不断行进。

守卫者不知疲倦地走着，走到鞋子破了，脚底流血了，也没有停止。直到他手中的火把终于烧尽了，黑夜饥渴地从四面八方

涌来，他才终于稍事休息。他寻到了一片空地点起篝火，精疲力竭地坐了下来。忽然，幽暗的远处传来一声乌鸦的叫声，就像一种呼唤，成百上千只乌鸦争先恐后地回应起来，叫声越来越高，越来越密。守卫者下意识朝自己的篝火堆靠近了两步，却猛然间发现身后立着一块墓碑。他定睛一看，原来他在一大片墓地的中央，无数只乌鸦站在墓碑上望着他，黑溜溜的眼睛闪烁着怪异的灵光。它们此起彼伏地尖叫着、呼唤着……

守卫者吓出了一身冷汗，正欲拔腿逃跑，忽然被人拦腰抱住了——竟然是不知从哪里冒出来的好村长！好村长发疯似的捉住他，反反复复地劝说他回到村里去。他青筋暴起的面孔离守卫者只有一个拳头的距离，他如此绝望，以至于喃喃恳求听起来就像某种恶毒的诅咒，那双浑浊的眼睛瞪得溜圆，里面倒映着燃烧的篝火。那篝火却一片死气，没有闪烁，也不会跳动。守卫者如梦初醒，原来好村长是盲人——他从未见过月亮石。他独活在鬼魂的世界里。

好村长知道自己的秘密被发现了，他的喉咙里响起非人类的嘶嘶声。他的头颅开始像齿轮一样咔咔转动，他躯体直立，脸却活活倒了过来，嘴在上方一张一合，额头则装在脖颈儿上，那双眼珠瞪得几乎要从眼眶里爆出来。守卫者发出一声极度恐惧的喊叫，昏了过去。

再次醒来时，守卫者发现自己身在牢狱中，由黑色的鸦群看守。

后来人们都说，守卫者在牢狱中不吃不喝，每天注视着太阳

和月亮，经年累月，一眼不眨，他也渐渐失明了。但他没有跟着乌鸦去往鬼魂的世界，在那之前，他把自己献给了太阳。

火焰是从守卫者的身体内部生长出来的，首先是五脏六腑陷入炽热和剧痛之中，守卫者竭力忍耐着，没有挣扎，他早已料到了自己的命运。接着，他的眼球、喉咙和鼻腔里冒出了细弱的火苗，头顶的发丝也顷刻间燃烧起来，最后他的整具躯体都化为一团明亮的火焰。很快，他身上的火也点燃了好村长的牢狱，黑色的烟雾极速膨胀，高高腾起，巨大的火花在监狱上空狂乱地扭动和舞蹈，无数乌鸦在欲飞之时被蹿起的火舌擒住。

一时间，鸟类呼啦啦的振翅声、被灼烧的凄切惨叫，以及大火的轰鸣声不绝于耳，使这片天地都摇摇欲坠。而守卫者始终在烈焰炙烤中温柔地注视太阳，思念着月亮石的光芒，直到一切都被焚毁，化为无声的灰烬。

时间久远，我已经分不清这些故事究竟全是母亲讲的，还是被我用许多噩梦填补过，变得怪异而可怖。15 岁那年，我离开了自己生长的村庄，或许让我逃离的也有一份对村庄夜晚的恐惧。我没有料到的是，这份恐惧并没有被我抛在身后，我依然像守卫者一样，魂飞魄散地走在一条幽暗的寻找之路上，时常感到被鬼魂尾随、被鸦群包围。

我只有想象太阳照耀着我、篝火保护着我，想象自己手中举着能够驱散鬼怪的火把，而自己身体里也有烧不尽的熊熊烈焰……是这些无形的火焰驱使我奔跑着、奔跑着，帮我不断摆脱身后那些并不存在的鬼影。

“一定要找到孩子。”昨日，30多名中年家长拉开手中的“寻子墙”海报，坚定地说。这些家长来自江西、河北、湖北、广东、内蒙古、广西、福建、贵州等地，近日，他们陆续抵达北京，组团寻找各自失踪的子女。此前，他们曾经到全国多个地方走访孩子下落。

…………

这次“组团”来京的家长，还随身携带着一张巨型海报，这是他们的“寻子墙”。海报上，一张张孩子的面孔天真稚嫩，和这些家长疲倦的神情形成鲜明反差。

据一位家长介绍，这幅“寻子墙”长100多米，宽1米左右，上面都是失踪孩子的照片、样貌特征以及相关信息。“这些都是寻子联盟和宝贝回家寻子网上的，我们在寻子过程中，跟这些家长都取得了联系，大家互相帮忙，谁有时间，就组团到各地寻找孩子。”

——《新京报》，2010年9月29日，记者　吴江

11

如果『当时』有他在就好了

我们成群结队，四处奔波，发起一场又一场寻子活动。

我们呼喊、逃窜，举起拳头反复挥舞，捶击天空、叩问大地。

拐卖儿童问题越来越受到公众的关注，渐渐成了大家所重视的社会问题之一。

在孙卓被拐之前，公安部已经开展过四次打拐专项行动，但儿童拐卖案就像一岁一枯荣的野草，烧不尽，吹又生，许多问题始终未能被彻底地解决。

2009 年 4 月 9 日，公安部启动了第五次打拐专项行动。担任公安部刑事侦查局“打拐”办主任的陈士渠当即公开召集全国各地的寻子家长到公安部参加会议，并邀请社会各界参与过“打拐”行动的志愿者参会，希望能与我们面对面接触，深入了解拐卖儿童问题的症结所在。然而，由于晕车太严重，那年我没能到现场，只能托彭高峰帮我将资料转交给陈士渠。后来陈主任在电话中告

诉我，他知道我是一位家长代表，也很挂心孙卓的下落，并且他已经督促深圳公安部门尽快侦破此案。

也是在4月，公安部又投入大笔资金，建成了全国打拐DNA资料库。在那之前，各地有地方的打拐DNA资料库，但经费不足且宣传不足导致知道的人寥寥无几，这些信息库都没有发挥出相应的作用。陈士渠上任后，经常在电视及报纸上宣传全国打拐DNA资料库的存在，他呼吁每一个失踪儿童的家长都参与免费的采血入库。除了我们要采血入库以外，所有寻家的孩子也会采血入库，犯罪分子及任何来历不明者也全都要采血入库。

许多令人唏嘘不已的谜团恰恰因为验证DNA有了突破性进展。

2006年，曹美玲的儿子蒋峥在广西被拐。警方调查到，人贩子是湖南人陈广兴，之前就已多次入狱又刑满释放。虽然已经确定了人贩子就是陈广兴，湖南、广西两地的警方却怎么也抓不到这名狡猾的惯犯。此后，曹美玲带着“二十万重金寻子”的寻人启事开始了漫漫寻子之路。

为了找到儿子，曹美玲孤身去往湖南，找到了人贩子家中。陈广兴的父母年事已高，他们拉着曹美玲的手，痛苦而羞愧地向她道歉。可是连他们都不知道自己的儿子到底在什么地方，因为陈广兴已经5年没有回过家了。曹美玲期盼着有一天能够找到陈广兴的行踪，于是时常跑到千里之外的山村，给陈广兴的父母送烟、送酒，还帮他们干起了农活。

渐渐地，她和这对困苦的老人走得越来越近，最后竟将他们认作干爹、干妈。春天耕田，夏天插秧，秋天收割。冬天，曹美

玲就给老人送去厚厚的棉袄、棉被。

就这样，15年过去了。

这15年，曹美玲一直将人贩子的父母认作干亲，直到2021年，警方无奈地将陈广兴父母的DNA样本采集入库，这个案件才发生了转机。2011年，湖南江华县一名男子自杀身亡，这具无名尸体的DNA数据当时就已入库。10年后，陈广兴父母的DNA信息一入库，就对比出了令人震惊的结果。原来那个自杀身亡的无名氏，就是所有人一直在苦苦寻找的人贩子陈广兴。

这是一个“好消息”，也是一个“坏消息”。因为人贩子的下落并没有牵出蒋峥的去向，唯一的线索中断了。

令我难以理解的是，人贩子已然离世，没必要再去蹲守他的行踪，曹美玲却依然常常去陈广兴家中，给人贩子的父母送去烟酒和特产。她干着最苦、最累的农活，叫着“干爹”和“干妈”。

当曹美玲远离故土，孤身在这片陌生的田地里弯下腰插秧、割稻子的时候，她的动力从何而来？她是否会想到，该死的人贩子也像她的小蒋峥一样，是父母疼爱的儿子？她是否会想到，两位孤苦伶仃的老人也像她一样，是被流放了的父母？也或许她只是茫然无望地行着善事，但求这份善也会降临在蒋峥身上？在得知陈广兴的死讯时，她的心里是否也同时有着无限悲凉和阴暗的快意？

在那个遥远的山村，人性的深流至今无声暗涌，令人难以释怀。

虽然蒋峥没能被找回，但是仅在2009年一年内，全国就有上千个孩子通过这个全国打拐DNA资料库被找回了。

湖北黄冈的洪梦媛在2岁时失踪，她的父母在2008年和2009年经常跟着我到处找孩子。与此同时，在广东省中山市小榄镇，一个富豪企业家带着自己的孩子去派出所登记户籍信息，却没能提供出生证和准生证。公安部门于是要求对孩子采血入库，企业家也就同意了，不料孩子的DNA样本一入库就产生了比对结果——原来这个孩子就是洪梦媛。

解救梦媛的时候，我也连夜赶到了中山市。我对找回的孩子感到很好奇，也对买孩子的人产生了好奇。那天我见到了小梦媛，却没能见到买家。

现场不少人都纷纷问道："买家在哪里？"

警方很遗憾地告诉我们："孩子的养父母现在很伤心，你们还是不要打扰他们了。希望他们能尽快好起来。"这话让我郁闷了很久。

我只得在现场默默注视着梦媛和父母紧紧相拥的画面，第一次深切体会到了这个全国打拐DNA资料库的力量，过去我根本不知道DNA这三个字母是什么意思，这对我来说就像一个奇迹。

我低下头，看着自己胳膊上凸起的青色血管，感到很奇妙。我在这里，孙卓不知在哪个天涯海角，可是即使再过10年、20年，甚至是50年，我们血管里流淌的血液依然会相互召唤。我们血脉相连，命运也注定交织在一起，只不过这命运还等待着被发现。我在内心暗暗祈祷，等待着轮到我们的那一天。

可惜这条队伍实在是太长了，一直都没能轮到我。我东奔西跑地到处解救被拐儿童，却总是到现场了才发现那不是我的孩子，这样的情况至少发生过上百次。

曾有人向我提供信息说邯郸市某孩子是买回去的，很可能是孙卓。我看了照片，觉得并不是很像，但是我想三年过去了，孙卓的样貌可能也已经改变了。我根据线索赶到邯郸市一菜市场，这户人家是卖调料的。我在他们的商铺附近观察了一会儿，那个孩子就放学回家了。我一看就知道，他并不是孙卓。

我站在远处报警，说我是深圳的一名被拐儿童家长，一菜市场有一个孩子是买来的。

对方说道："你是深圳的就叫深圳（警方）过来。"接着就挂了电话。

我略一思忖，又将电话拨通，还是同一个人接听。

"我不是被拐儿童家长，我是邯郸的普通市民，要向你们举报这里有个孩子是买来的，请你们——"，只剩下啪的一声。

我在菜市场走了两圈，悄悄看着那个孩子。他七八岁，刚上小学的年纪，虎头虎脑，生得很可爱。我怎么也放心不下，想到他的亲生父母或许就像我一样痛苦和疯狂。

我思来想去，给邓飞打了一个电话，告诉他前因后果。邓飞是一个不吝于发声和提供帮助的人。如我所料，邓飞对此表示出离愤怒，并告诉我"等一下"。仅仅十多分钟后，我就接到一个显示为邯郸市本地号码的来电，对方告诉我他们马上赶来现场。这一来竟是二十多辆警车，七八十个警察，他们把菜市场围得水泄不通，活像要捉拿带炸弹的恐怖分子。

我告诉警方，那个孩子不是孙卓，但是有人提供明确信息，可以证明那孩子是被买来的。买家被这阵势吓得不轻，立刻承认

是从一个老头儿那里买来的。警察们带走了家长和孩子，也告诉我他们一定会把“老头儿”找出来。

离开之前，我看了一眼那个孩子，发现他也看着我。我在内心默默祝福他，也祝福他的亲生父母。

在回深圳的路上，我望着窗外不断远去的景物，模糊地想到，邓飞在“等一下”的时间里，应该是联系上了陈士渠。

2009 年 4 月之后，日子充满希望，总是有各处的好消息传到我耳中。这一年在深圳被拐走的孩子全部都被成功找回，没有一件没被破获的案子。我不时在报道上看见陈士渠的行踪，他多次在买孩子的重灾区——福建，呼吁当地排查来历不明的儿童。而对于“抢孩子”这一野蛮行径，陈士渠也多次风风火火地亲自追到全国各地的案发现场。

我清楚地记得，那年安徽的一个孩子被骑摩托车的人抢走，陈士渠第二天直接飞到当地，警方高度重视，几天时间就破了案。这让我想起 2007 年深圳的莫金昌和东莞的叶锐聪也是被人当着父母的面抢走的，他们的被拐却连立案都异常艰难。

后来我们聚在一起，活像一群癌症病人，不知道该去向何方，也不知道该做点儿什么才能起作用。我们谈到第五次打拐专项行动，不知是谁忍不住说道：“如果当时有陈主任就好了。”

当时，当时，我反复咀嚼这个词。所有关于“当时”的话语都是刺痛的。

2009 年 4 月，公安部建成全国打拐 DNA 资料库。公安部方面称，DNA 检验技术具有个体识别率高、亲缘关系认定准确的特点，是确认被拐卖儿童身份最有效的技术手段之一。陈士渠称，从 2009 年 4 月到现在，全国公安部门通过全国打拐 DNA 资料库比对，已经解救了 1 400 余名来历不明儿童。目前，拐卖儿童犯罪已经得到有效遏制。

…………

陈士渠介绍，在接到孩子失踪报案后，公安部门会把孩子失踪的父母的 DNA 资料全部采血入库，同时警方也会把来历不明儿童的 DNA 采血入库。

——《法制晚报》，2011 年 9 月 25 日，记者　迟海波

12

《打开你的心结》

为了摆脱噩梦缠身的日子，过上平静的生活，2010 年我带着妻子和女儿搬离了白石洲。我们在宝安区找了一间小房子安顿下来，结果没多少天就被房东赶走了，接着我又赶紧另找了一个房子，也没能住多久。莫名其妙地，我们从此过上了漂泊不定的“搬迁生活”。

2011 年春节，我第一次回老家过年。过去的 3 年里，我没有心情庆祝节日，总想着再努力一把，再拼命一些，一鼓作气把孙卓找到了再回老家。

后来我逐渐接受了一个事实，我终于承认自己没有那么幸运，这条路比我想象中要漫长得多。

除夕夜，我们围坐在一起准备吃年夜饭。洪湖盛产莲藕，藕汤是我们过年必吃的一道菜，因为莲藕在监利话里叫作“an huo”，意思是团圆、和美。当时我们心照不宣地吃着“an huo”，

都绝口不提内心深处那个被压抑的名字。或许我们都在心里划分了两个区域，把孙卓和当下的生活分隔开，并允许自己时时躲藏在没有他的这一边。这时候我忽然想起孙卓被拐走的前一晚，我曾做过一个怪梦，就是梦见一大家子人这样坐在一起吃饭，桌上却唯独少了孙卓。3 年过去了，我觉得自己好像已经走过了人生的 30 年。

我正恍惚不已，手机屏幕亮了，是彭高峰发来的信息。

这不是拜年的时候，我打开手机，心却已经沉了下去。

彭高峰告诉我，一个网友向他提供线索，说在江苏邳州市的某个村子里看见过和彭文乐长得很像的孩子，并给我发来了一张照片。我一看照片就知道，这个孩子就是彭文乐。

我的第一反应不是高兴，而是“坏了”。这份复杂的心情我没有告诉任何人，但事实如此——坏了。或许人的第一反应是最自私的，我心想“这条路上又少了一个好兄弟”。片刻的沮丧后，我隐约感到羞惭，随之而来的才是激荡的喜悦。我为他高兴，也为自己高兴，彭文乐都找到了，孙卓一定也快了。

其实彭高峰也知道这个孩子就是彭文乐，但是大过年的没办法请警方立刻出动。出于一种自我保护心理，他始终不敢说出“这个孩子就是彭文乐”，只敢说“太像了”。

正月初六，也就是 2011 年 2 月 8 日，深圳公安部门的人带着彭高峰、邓飞、陈杏兰等人赶到江苏邳州，在养母的娘家找到了正在玩耍的孩子。我没有跟去，我表面上说着“恭喜”，内心却五味杂陈，酸涩难当。我多么希望自己也能像他们一样幸运。

一见到孩子，彭高峰就开始放声大哭，捂着脸涕泗横流。警察怕他吓到孩子，就先将孩子带到另一个房间，等待采血。在等待的过程中，警察问孩子："那个哭脸的人是谁？"

那孩子用稚嫩的声音很确信地说："那是俺爹。"

他才7岁，并不明白发生了什么事，可他能认出自己的爸爸，在场的人都感慨不已。虽然还没有采血，但这对分开了1050天的父子已经相认了。

经过警方调查，原来彭文乐的养父就是2008年从深圳抱走彭文乐的男子，他在2010年已经因癌症去世了。后来彭文乐说，那个"爸爸"死的时候，他都没有哭。问他为什么没有哭，他说："他经常打我，又不是亲爸爸，就没有哭。"

彭文乐平静的讲述令他的亲生父母泪流不止，也让我揪心不已。我在心里恳求和祈祷，希望无论是谁把我的孙卓买回去了，千万不要打他。我甚至还暗自诅咒，谁要敢打他，一定也会像文乐的养父一样遭到报应……

彭文乐的养母高永侠是一位农村妇女，她也在解救现场哭得很伤心，她说她以为文乐是丈夫和情人在外面生的孩子才给抱回来的。警方什么也没有盘问出来，在她口中，是她死掉的丈夫害了所有人。

回深圳之前，警方问到彭文乐有没有什么不舍，他说："舍不得妹妹。"

这句话竟然又牵出了另一个秘密。

原来高永侠家里还有一个小女孩儿，当被问到孩子是从哪

里来的，高永侠支支吾吾，最后说："是我老公在深圳的工地上……捡来的。"

警方于是带小女孩儿进行了采血入库，又将2008年深圳失踪小孩儿的信息全部找出来，甚至还给我打了电话，请我根据我所收集的名单资料一一仔细比对一遍。然而我们始终没有找到女孩的亲生父母。

通常来说，我们是不会把找不到亲生父母的孩子强行带走的，在河南原阳县、广西藤县，我们想尽一切办法去解救孩子，最终还是将他们留在了买家身边。在找不到亲生父母的情况下，我们不愿扩大对无辜孩子的伤害。但是彭文乐一案已经引起了社会的广泛关注，很多媒体在跟踪报道。警方和社会各界打拐人士一致认为，坚决不能把小女孩儿留在养家，因为他们不是"收养者"，而是"偷盗者"。他们并不是抚养了无家可归的孩子，而是把孩子从原本幸福的家庭里夺走了。如果我们在众目睽睽之下让偷孩子的人得偿所愿，也就是在助长拐卖儿童的歪风。最后，警方只得将孩子带回深圳，安置在福利院，并为她起名为"粤粤"。

后来高永侠曾从邳州跑到深圳来找小粤粤，甚至试图从窗户爬进福利院。这件事让我难以忘怀，也无法评价。我对高永侠没有产生过一丁点儿同情，可是那种难以抑制的哀伤究竟从何而来？我不愿深入去想，我怕那种哀伤动摇我内心的坚定。

幸好在两年后，小粤粤就被深圳本地一对善良且富裕的夫妻收养了。我终于松了一口气。

彭文乐回家后，我过上了一种有苦难言的生活。过去我和彭

高峰经常在一起到处跑，媒体也经常把两个孩子放在一起报道。这之后的很长一段时间，铺天盖地的媒体报道都在关注那一头儿的喜讯，却鲜少有人去触碰这一头儿的伤痛。我忽然发现最可怕的不是黑夜，而是漫长的孤单。

彭高峰带文乐回家那天，从邳州飞到了武汉。我想毕竟是这么好的兄弟终于找到了孩子，我无论如何也还是要去接风。我和母亲一起赶到机场，我做好了心理准备，但当时的场面之大还是超出了我的想象。机场里人山人海，每个人手里不是举着摄像机就是捧着鲜花。十几家媒体的记者跟踪报道。

我们跟着人潮一路走，没有人想起孙卓，也没有人提起还有很多没回家的孩子。我表面上跟着高兴，母亲却在旁边自顾自抹眼泪，没有一点掩饰的意思。到了彭高峰的老家，他家门口人头攒动，把至少一千米的路堵得水泄不通，一路上锣鼓喧天，鞭炮齐鸣。

第二天，我受不了这过分热闹的场面，准备一个人回监利了。有几位记者提出要跟我一起回去。我就像被抽干了血一样精疲力竭，有气无力，连话都懒得说，心想跟就跟吧，怎么样都行。

回到家后，辽宁卫视的记者陈英姿在客厅里把设备都架好了，她说："之前我做的就是孙卓和彭文乐的报道，现在我也一样要做孙卓和彭文乐的报道。"

我坐在沙发上，感到紧闭的心终于松动了一些。

她的第一个问题是："你当时的心情是怎样的？"

我张开嘴，却失了声，没能说出一句话，反而感到心里、眼

里都涨满了，苦苦压抑的东西就要决堤而出。我拼命呼唤自己的理智，可是我看见陈英姿蹙眉望着我，像是在痛苦地忍着什么。那种神情像一面镜子，将我连日来伪装之下的可怜面目照得清清楚楚。

我忍不住大哭起来。

陈英姿见状，也跟着掩面啜泣，缄口不言。

我们两个就这样面对面哭了好久好久。

等到我终于哭干了泪水，哭尽了力气，才用沙哑的声音告诉她："我没什么好说的了。"

事实上，在彭文乐回家后的好几年里，彭高峰还多次跟我一起去找孩子，他说"下一个目标就是找到孙卓"。这份义气让我感动极了，可是很多时候我发现，我们已经再也无法理解彼此了。那年彭文乐过生日，沉浸在喜悦中的彭高峰还请我去给孩子庆生。他不知道当我一边鼓掌一边唱着"祝你生日快乐"，看着又长大一岁的文乐，内心是多么苦涩。

出了他们家的门，我一个人走在街上，感到所有人都离我如此遥远，那些钢筋水泥的高楼大厦却近得过分，从四面八方挤压着我，让我无法呼吸。我真想大声呼救。我真想跪下来给老天爷磕头，问他"什么时候才轮到我"。

寻找孩子已经成了我生活的常态，我就像一个职业寻亲者，永远在发寻人启事，在网络上发帖，在接受采访，在组织寻子活动或者在到处落实线索。原本生意兴隆的包子铺几乎是在倒贴房租，我根本没心思做生意，最终还是把店铺转让了。我转让店铺

的唯一要求就是保留“悬赏二十万寻儿子店”的招牌。后来的白石洲风云变幻，拆迁的拆迁，改造的改造，完全变了一个地方，只有那块黄底红字的大招牌，数十年如一日地挂在人们头顶。

很快，我把老家的房子也卖掉了。

四英一边心疼我的身体每况愈下，一边又怪我把这个家弄得一无所有、债台高筑。我只觉得唯一能和我彼此同情的人也不再懂我了。那些日子里，我郁郁寡欢，也变得越来越偏激。我对社会充满了愤怒，对家人也疏于关心，对朋友的劝告更是充耳不闻。母亲则要求我们再生一个孩子，我也不同意。我知道这对老人来说会是一个安慰，可我们明明还有孙悦，多生一个孩子只会让我负担更重，还会占用我找孙卓的时间和精力。我很少着家，一回家就和母亲、妻子争吵不休。

2011 年 3 月，我们参加了山东卫视的情感心理援助节目《打开你的心结》。节目介绍中说我走上了寻子的“不归路”，指我抛妻弃母。这从来不是我的本意，我只是想找到孩子。

在节目录制现场，我们吵得不可开交，吵着完全是我们三天两头就在家里吵的东西。四英责怪我不顾身体，我说：“我要身体有什么用，我倒是愿意跳楼。”

其实母亲和妻子的身体比我的差多了，只不过这个家还要依靠我，我知道，但我已经有心无力。我逃避了这一头儿，就会亏欠那一头儿；逃避了那一头儿，又会亏欠这一头儿。

四英哭道：“你跳啊，你跳下去我就解脱了。我也跳下去。”

母亲又要我再生一个孩子，主持人也劝我，说新生儿可以转

移注意力、缓解心理的伤痛，她劝我一边好好生活，一边慢慢去找。可是我知道即使再生 3 个甚至是 5 个孩子，我也不可能放下孙卓。至于“好好生活”，当时的我认为自己根本没有资格。

上节目之前，我就听说会有心理专家在现场给我做心理治疗，我没有当回事。如果不是为了让更多人关注拐卖儿童问题，我其实就不会去参加节目。可那天发生的事完全出乎我的意料，有一会儿，我确实被引导着进入了一种非常玄乎的状态，就像在做一个非常清醒的梦，用他们的话来说，即我已经脱离了“理智的自我”，进入了“情感的自我”。

心理专家先是找了一个男子，告诉我这个人就是“人贩子”，要我背着他在现场绕圈走。我就听他的，把这个人背了起来。

我走动的时候，心理专家在旁边像煞有介事地问我：“你一直背着这个沉重的烦恼，能够坚持多久？”

我不听他的，埋头继续走。

“那么多人要帮你，你不愿意，你不接受，你一定要自己一个人承担…… 你能坚持多久？”

我也说不清是当时的环境使然，还是现场背景音乐的效果，或是心理专家的暗示勾出了我那股子犟劲儿。我毫无意义地走啊、走啊，一步又一步，感到自己的神智好像渐渐离开了这具沉重的躯体，置身事外地注视着正在发生的一切。周边的声音都变得模模糊糊，世界像被一层半透明的油布隔开了，显得那么不真实。我如陷梦寐。

背上的人越来越重，我的脚步也越来越沉。我开始喘不过气

来，却因此产生了一种久违的平衡感。我甚至巴不得这个重担将我压倒在地，让我动弹不得。我似乎对这份重压上瘾了，就像自残的人对痛觉上瘾一样。

也不知道这样一圈一圈走了多久，我浑身是汗，两腿不住颤抖，终于被压得趴在了地上。

我正头晕眼花，又听见有人问我："你能撑多久？你能撑多久？放下吧……放下吧……"

那声音就在耳边，又好像从很远的地方传来。我又背着"人贩子"勉强爬了几步，完全忘记了自己在做什么，也忘了这里是什么地方，心里只剩下一个异常清晰的念头——不能放下，放下就完了。

治疗结束后，我还久久不能回神。节目最后呈现的效果很治愈，观众们也都感动极了。但实际上，这从来就不是一个"心结"，又谈何打开？我依然以同样的方式寻找孩子，依然固执地背着那座无形的大山埋头走个不停。

这期节目在山东卫视播出后掀起了不小的波澜，仅来自山东的网友就向我提供了十多条线索，其中有 3 条都在一个叫阳谷的县城——可见命运是多么傲慢。

好在我虽惨遭命运玩弄，却浑然不觉，不至于被烧成不胜折磨的死灰。我继续彷徨着、痛苦着，年华空掷，苦寻无果，却从来没有被真正击溃过。我始终相信，总会有一道闪电伴着滚滚惊雷而来，划破眼前这万斛黑暗。

2008年3月5日，湖北潜江人彭高峰在深圳光明新区公明镇开的一家电话超市里操持生意，晚上七时多，一名黑夹克男子趁彭高峰和妻子不注意，强行抱走3岁多的彭文乐，消失得无影无踪……

漫漫寻子路，彭高峰由希望到失望，由失望到绝望，再由绝望到重燃希望，炼狱般的痛苦轮回直到2011年2月8日才终结，这一天，他终于找回了自己的儿子彭文乐！

…………

据孩子的养母介绍，2008年从深圳抱走彭文乐的那个男人，正是自己的丈夫。他们家只有一个女儿，需要一个男孩儿养老。但这个养父，却在2010年因癌症去世。

…………

大年初一那天，彭高峰在微博上写了这样一首诗"丢子如丢魂，失子如失命，想子如想疯，盼子如盼明……愿骨肉父子，祥兔喜相逢。"

他终于如愿以偿。

——《中国青年报》，2011年2月9日，记者　叶铁桥

13

救救孩子

初春，刚下过一场大雨，凉意更盛。

我独自在东门步行街晃荡，路面一摊摊黑色的积水闪闪发光，映着零星的路灯。

走到人民北路，我看见一个卖花的小男孩儿正在纠缠路人。这个孩子瘦骨嶙峋，手里提着十多枝玫瑰花，见到路过的年轻人就上去拽人家的衣服，被拒绝了还要缠上一段路，甚至抱住路人的大腿不放。经过的人都避之不及。

我走过去，问他几岁了，他说 4 岁，同时冲着我高高举起花："叔叔，买一枝吧。"

我掏钱买了一枝，那花被雨打过，湿漉漉的，有点儿蔫了。小孩儿亮着眼睛向我道谢，又急急忙忙地去卖花了。

他太小了，小得让我无法理解他怎么会明白卖花是怎么一回事。我又在原地站了好一会儿，观察周围有没有形迹可疑的大人，

直到他小小的身影消失在人来人往的街头。

我继续瞎晃荡，心事重重地又走了一会儿，在人来人往的步行街另一头儿看见有人在路中间乞讨。那是个七八岁的孩子，他呆呆地坐在地上，面前摆放着乞讨用的铁碗。他的两个袖管空空荡荡，没有稚嫩的手臂从里面伸出来。

夜已经深了，一阵凉风吹得我身上裸露的皮肤发紧发麻。雾是那么轻，像一层乳白色的绵软的烟，悄悄打湿了一切。

那个年代，街上经常能见到卖花、卖艺或乞讨的儿童。这些孩子都瘦小可怜，只能常年在人们的同情心里讨生活，其中很大一部分是缺胳膊少腿的残疾儿童。2006 年国务院妇女儿童工作委员会办公室的抽样调查显示，中国流浪未成年人大概有 100 万至 150 万。

我从民间的打拐志愿者上官正义那里了解到，这个庞大的数量里有相当一部分孩子并不是因贫困而自发行乞，其背后往往有不法分子在操纵。这些“丐帮帮主”通过哄骗、胁迫、雇佣，甚至“收购”的方式组织未成年人行乞和卖艺，并从中获利。

2007 年，上官正义还是个二十几岁的年轻人，和我一样很小就独自离开农村出来谋生。他还没有孩子，却凭着满腔正义解救了多名被控制的乞讨儿童。在志愿者圈子里，我们也叫他“仔仔”。仔仔曾卧底调查乞讨儿童幕后的操纵者，发现这些团伙会在各地的农村到处寻找残疾儿童，然后会从残疾儿童的父母那里以一年约 2 000 元的“租金”带走孩子，并告诉他们的父母是带孩子外出打工。残疾的孩子留在家中是个负担，很多父母认为这是

自己可怜的孩子能够自力更生的一个机会。他们不知道的是，孩子们被带走后的谋生之道竟是被强迫卖艺或乞讨，他们没有人身自由，所得的全部劳动成果都要上交“组织”，没完成“任务”还要遭受毒打。有的孩子甚至被人故意伤害致残，只因他们可怜的模样是换取同情心的有力筹码。据我所知，有个本就缺胳膊少腿的孩子外出“打工”，几年后逃回家乡，竟然连舌头都没有了。

有一回，徐显迪的爸爸在珠海找到一个疑似徐显迪的乞讨儿，把他吓得不轻。徐显迪被拐后，他的妈妈患上精神疾病，爷爷和奶奶相继去世，徐爸爸则一直没有工作，找孩子找得比我还拼命。2010年年底，徐显迪的爸爸曾在精神病院进行绝食抗议，7天滴水未进，最后被送进医院抢救。人虽然救回来了，但这件事震惊了整个寻子家长群体。我担忧极了，隐约觉得他总有一天还会出事，要么是伤害到别人，要么是伤害到自己。因为他已全无牵挂，似乎在寻找一种有意义的死。所幸那一次，我们最后查明那名乞讨儿并不是徐显迪。

也曾有一个我熟悉的家长好不容易找到了孩子，却发现孩子被人故意伤害致残后放在路边乞讨。这个母亲当即陷入了疯狂。她在我们400多人的寻子群里连续几天连珠炮似的发送语音信息，我点开听了两条信息。她情绪激动，声音像被刀子划过一样饱含尖锐的疼痛。她说自己在几天时间里已经看不见东西了，眼睛忽然瞎了。

她歇斯底里地喊道：“我就是死也要为儿子讨回公道。”

她的声音让我产生了难以言喻的恐惧，我没有点开第三条语音信息，立刻从群里退了出来，不敢再听到从她那里传来的任何

消息。

那段时间，我走在路上见路边有小孩儿在瑟瑟发抖地乞讨都要多看两眼。街上时常有残疾的孩子，他们或是皮肤裸露出大片骇人的烫伤疤痕，或是双腿畸形，扭曲地倒挂在肩膀上。对于这样的景象，我看了一眼就不敢看第二眼，内心像紧闭的蚌肉被密密麻麻的针脚刺穿，眼泪像断了线的珠子止不住地疯流。

好在后来，经过对乞讨儿童问题的长期关注，我发现其中的被拐儿童少之又少，主要还是不法团伙租赁来组织行乞的。陈士渠主任也称，拐卖儿童主要是被非法收养，乞讨儿童和被拐儿童基本是两个不直接相关的群体。从此我只允许自己做最好的打算，我不能绝望，我的卓卓一定也只是暂时成了“别人的儿子”。

2011 年，中国社会科学院农村发展研究所的于建嵘教授在微博上发起“随手拍照解救乞讨儿童”的活动，呼吁全国各地网友线下拍摄乞讨儿童并在网络上进行曝光。于教授曾被广大网友称为“中国底层民意的真实代表”，我所认识的于建嵘也确实担得起这个称号。“随手拍照解救乞讨儿童”的活动一呼百应，群情激愤，成了微博上有广泛影响力的一次公民行动。于建嵘还倡议全国网友都集中在同一天去拍摄街头行乞儿童，然后将所有资料汇总起来，统一剪辑成纪录片，并争取把录像送给全国的“两会”代表和委员。

同年，国家开始严厉打击利用未成年人乞讨牟利的不法分子，发布了《国务院办公厅关于加强和改进流浪未成年人救助保护工作的意见》，这一可怕景象从此几乎消失在我们的视线中。

也是在 2011 年，调查记者邓飞发起“微博打拐”活动，并

与公安部的中国警察网官方微博在新浪微博上联合建立“打拐志愿团”，呼吁整合媒体和民间资源，帮助公安系统打击拐卖儿童的不法行为。这是一个具有划时代意义的公益活动，互联网的强大力量也开始为公众所知，许多民间打拐志愿者如雨后春笋般纷纷涌现。

除了已解救上百名妇女儿童且活跃至今的上官正义，令我难以忘怀的还有一位叫魏继中的志愿者，我们都叫他“老魏”。

老魏建立了“老魏寻人网”，一年到头都在为打拐奔波，协助警方寻找被拐儿童。他家中并不富裕，也没有工作，我听说他在最后几年靠借钱度日，却没有一天不在打拐。2014年，老魏和几个寻子家长前往东北落实线索，在路上因操劳过度引发肝硬化导致昏迷，最终经抢救无效去世。老魏去世时仅49岁，他已成功解救了60多名被拐儿童。这名真正死在了打拐路上的志愿者让我们寻子家长群体乃至全社会都为之震动。

当打拐越来越深入人心，国家对打击拐卖犯罪的投入力度也越来越大。

2011年4月12日，在全国深化打拐专项行动的电视电话会议上，打拐办通告全国各地有关部门，今后凡是发生拐卖儿童案件，公安机关将实行“一长三包制”。“一长”即由县、市、区的公安机关主要领导或主管领导担任专案组组长；“三包”则是包案件侦办，包查找和解救被拐卖人员，以及包安抚被害人家庭。

这项政策给公安机关在拐卖儿童案件中的反应速度、投入力度都带来了质的改变。

2011年6月1日起，公安机关在全国开始实行儿童失踪快速查找机制。同年12月份，据福建省公安厅最新数据显示“自2009年4月全国开展打拐专项行动以来，福建警方共破获涉拐案件3 383起，打掉拐卖妇女、儿童犯罪团伙808个，打击处理7 098人，解救被拐儿童2 519名、妇女1 359名。”就像最强烈的阳光才能照出最幽深的阴影，2 519这个庞大的数字何其光明，背后又何其阴暗。

然而，当时和我联系密切的好几百名家长竟没有一个人的孩子是这两千五百一十九分之一。我和一群家长聚在一起，没有线索可落实，也没有地方可去，黔驴技穷，最后一致决定跑到福建去“摸排”当地的孩子。

我们的行动吸引了来自全国各地的许多家长。从陕西赶来的冯社红是一个朴实的农民，2007年他的儿子和他姐妹的2个儿子，3个孩子在同一时间被拐走。从河北来的元元和豆豆的妈妈曾经是一个很年轻的新手妈妈，当时她找元元和豆豆已经找了15年，变成了一个外表远超实际年龄的“老大姐”。杨天赐的家长则告诉我，从孩子失踪那天起，他就知道自己的人生已经完了。完了，他反复说，完了。

我们在福建安溪、三明、莆田等地到处跑，想找当地公安部门求助，又没什么线索和证据，只好在各个村庄穿行，像推销产品一样拿着喇叭呼喊，像发广告一样到处发放孩子们的照片。我们知道这里有不少买家将孩子买回去后还会大摆宴席，燃放鞭炮进行隆重庆祝。因此，此行即使找不到孩子，我们也希望能在这

些深受“多子多福”观念影响的地区做些宣传，但愿能唤醒人们的道德和良知。

出人意料的是，我们不但没有找到孩子，而且还在安溪找到了两名“新手”寻子家长。他们的孩子都刚刚在本地失踪，于是也茫然而积极地加入了我们的队伍。

就这样折腾了多日后，我们终于还是决定去北京反映被拐儿童在买家处违法登记户口的问题。可当我们一大帮人来到火车站，却因为带着大量寻子广告和横幅而无法通过安检。当时的火车票是不能改签或退票的，我们手里拿的一大把火车票也因此变成了废纸。

离开了火车站，我发现冯社红一直念念有词，就像在和一个看不见的人说悄悄话，暗暗诅咒谁似的。他面上却不见怒色，显得麻木而阴郁。这种不寻常的表现让我隐约有些担心，我向来认为越是懂得大喊大叫、哭闹不休的人，越是能保持心理健康，也不容易做出不理智的事来。

我们在路边的小餐馆吃饭，我就叫了一瓶二锅头给他，说：“不要念了，不要念了。来喝点儿酒，平复一下心情。没事的，孩子肯定会找到的。”

冯社红人高马大，身形魁梧，看起来就酒量了得。他果然停止了念叨，举起一瓶二锅头，像喝水一样咕嘟咕嘟地几大口喝了下去，让我大吃一惊。他喝完一瓶，紧接着又叫来第二瓶，我没来得及阻止，还思忖着“竟这么能喝”，就见他又仰起头，把第二瓶也轻轻松松地灌下去了。我瞪大眼睛看着他，他也看着我，接着，他面有难色，忽然吐了几口红得刺眼的鲜血。我吓得不轻，

心里说道：完了，出人命了，出人命了。

那一次，冯社红最后并没有出什么事，但那一幕在我记忆中至今难以抹去。

2011 年，湖南还发生了臭名昭著的“邵氏弃儿”事件。邵阳市人口和计划生育委员会为收取社会抚养费，将超生婴幼儿“没收”后送入福利院，统一为这些孩子改姓“邵”，福利院则与人贩子互相勾结，收购婴幼儿，将其变为“弃婴”后贩卖至欧美国家。其实这并不仅仅发生在邵阳，而是当年许多不正规的福利机构普遍存在的现象。通过这种方式被送到国外的中国婴幼儿累计超过 15 万名，很多孩子长大后想寻找亲生父母，却没有任何可供查询的记录，因此逐渐组成了庞大的海外寻亲组织。

美国的一名寻亲志愿者代表叫龙兰，我们叫她“小龙女”。她在中国的福利院先后领养的三个女孩儿长大后，她才发现自己的孩子很有可能并非弃婴，震惊之下她从此成了一名寻亲志愿者。她曾在 2011 年到中国来找我，给我送来一沓海外寻亲孩子的资料。

当时，广东湛江有 4 名人贩子出狱了，而这些资料中有几个孩子当年正是被这 4 名人贩子送去福利院再卖到国外的。于是我带着“小龙女”来到了湛江，为这几名刑满释放的人贩子“接风”。

此行最令我们讶异的是，这四个人贩子服刑三年至十年，从狱中出来后却都愤懑不平。他们认为自己不是人贩子，因为他们并没有把孩子拐来卖给谁，他们只是将因超生而无处可去的孩子送到福利院，再拿一些报酬罢了。这些孩子绝大多数是女婴，人贩子或是直接拐骗走，或是哄骗其父母说帮忙送到好人家去养。

他们觉得在当时，超生的女婴即使不被送走，也可能会以更残酷的方式消失。这些不法分子一致认为，真正的人贩子应该是将幼童大量送出国以牟取暴利的不正规的福利院。

我们应该承认，即使在严苛的计划生育政策下，也没有任何一个部门被赋予“没收”婴幼儿的权力。这些孩子本不是弃婴，而是被福利院“收购”后才成了弃婴。既然原没有“弃养”，又谈何“收养”?

我想起了贵州失踪男童吴永飞被跨国收养一案。2006 年，吴永飞在上海失踪后，他的家长也踏上了漫漫寻亲路。5 年后，在宝贝回家志愿者的协助下，这个孩子竟然在美国被奇迹般地找到了，而他在美国的养母也一直在帮他寻找亲生父母。吴永飞跟家长通电话时，说着一口流利的英文。后来我们了解到，吴永飞是在上海的一家福利院被合法领养的。这个消息令我震惊又无奈，一个失踪后从未放弃寻找的孩子是怎么隐身于警方的立案调查之下，又怎么会符合收养法的规定呢?我们难以定论，也无权指摘。后来我们了解到，据早前美国一项调查报道显示，近年美国夫妇到中国领养的孤儿达 7 万多名，这些外籍领养者往往要给福利机构一笔大额“捐赠”。

湛江一行，刑满释放的人贩子们喊冤叫屈，说福利院涉事人员都没有被追究刑事责任。我和人贩子们在同一个房间躺了一晚上，翻来覆去怎么也睡不着。儿童福利院本来是为无依无靠、无人抚养的孤儿提供服务的爱心场所。福利、福利——究竟成就了谁的福利?

人为致残，人为致乞，人为致弃……2011年前后，我的所见所闻让我时时沉浸在一种几欲落泪的感受中。一个越来越大的声音从大地深处传来，从20世纪传来，像沉闷而隐痛的鼓点循环往复：救救孩子，救救孩子。

中国儿童第二大收养国荷兰，其EO电视台在中国孤儿问题电视专题片中，除了检讨荷兰从中国收养婴幼儿可能存在的疏漏，也指责了邵阳市社会福利院涉嫌将高平镇计生办送来的婴幼儿变为“弃婴”的行为。美国《洛杉矶时报》在关于中国弃婴及收养等相关问题的报道中，也曾披露过高平镇多名农民的婴幼儿被抢后送到福利院的消息。……2009年7月，媒体曾报道贵州镇远县计生部门将交不出罚款的超生婴儿强行抱走，送入福利院后再通过“寻亲公告”等程序，将其变为“弃婴”送养到国外，并在涉外领养过程中牟利。湖南当地媒体也报道过，衡阳市各福利院不但给职工下达搜寻婴儿的任务，甚至主动通过人贩子等各种中间人“收购”婴儿。……“邵氏弃儿”案真的到此就结束了吗？真相死去，伤痛仍在。

——CNTV央视网评，2011年9月30日，作者　陈方

14

起风了

2011 年 10 月 9 日，我独自回到曾经居住的白石洲。沙河街熙熙攘攘，一切都还是记忆中的样子。我的包子店已经转让很久了，上面依旧挂着“悬赏二十万寻儿子店”的招牌，黄底红字，日晒雨淋。

这条路上种着两排老榕树。我总是说“门口的行道树”，说到树我就会说上面挂满了孙卓的照片、人贩子的照片。其实这两排树在我的记忆中特别有韧性，极茂盛，油绿色，树冠宽大，树荫浓重，悬挂着无数条褐色树须，将小小的城中村遮蔽在怀中。榕树尤其爱雨，水涝不会烂根，树干非常强壮，常来造访的台风也伤不了它们。每当落雨，革质的树叶就会蒙上一层闪闪发亮的水膜，呈现出干净欲滴的深绿。榕树也叫“万年青”，有着“有容乃大，无欲则刚”的寓意。

有时，我在树荫底下走，从店铺走到幼儿园，又走到十字路

口的超市，在监控摄像头底下的大石头上坐下来。我伸出手，摸了摸孙卓在监控录像里跑来跑去的那片水泥地。

时光潺潺，一晃4年过去了。每年的暴雨都似从天而降的巨大水柱，轰然倾泻在人们头顶。我渐渐习惯了这样的生活，伤痛是一种常态，因此也变得平静了。

人是不会被雨淹死的，就像榕树根一样，我们总能学会如何在深流下呼吸。

4年来，很多人劝我们再生一个孩子，我没有理会。彭高峰的儿子彭文乐在2008年失踪后，彭高峰夫妇很快就有了彭文博。文乐回家后，他的弟弟都快2岁了。而我一直都在固执地寻找，总想着先拼了命把孙卓找回来。那一年，我终于松了口。

孙悦已经上初中了，成绩不错，是个懂事的孩子。在我心里，孙悦和孙卓都无可替代。我的父母眼看着都走不动路了，却还终日以泪洗面，到处要找他们的小孙子。身为人子，我愧疚极了，希望新的小生命能给老人们带来些许安慰，让他们的晚年多一些欢笑，少一些泪水。

那年夏天，我一个人回到湖北老家办理准生证。按当时的计划生育政策，我们是不能再生第三个孩子的。但是我想孙卓已经被拐走快四年了，应该是有相应政策适用的，否则那么多丢失孩子的家长怎么继续过日子？

我拿着结婚证和身份证，跑到监利县计划生育委员会，跟工作人员解释我的特殊情况。他们刚听了两句就拍桌道："噢！我们知道你的事！你是在深圳丢失孩子的——孙海洋！"

他们友好地跟我寒暄了几句，开始教我怎么处理这种情况：“这个没问题的，你去深圳弄一张孙卓的死亡证明来——”

这话完全出乎我的意料，立刻刺痛了我。我又惊又怒，反驳道：“什么死亡证明？他又没死！我有监控录像，能清清楚楚看到他是被人贩子拐走的，拐走了都是被卖到别人家里养着……我无论如何也弄不来死亡证明啊？”

我这一跳脚，他们也没有好脸色了：“我们是按规定办事。如果你要生第三个孩子，那你必须证明第二个孩子已经死亡。你没有死亡证明，我们就开不了准生证。”

我很不理解，努力平复下来，又趴在柜台上据理力争：“我一直在找孙卓，我们生了孩子也是要继续找，我肯定会找到的。我不可能开他的死亡证明——”

“那你就去找啊。”他们见我顽固不化，也懒得帮我了。

走出了计划生育委员会，我一下子失去了方向，不知道自己该往哪里去。我既愤怒又委屈，想着千千万万被拐儿童的家长都会为这条毫无人性的规定愤怒不已。过了一会儿，我觉得难以置信，怎么可能会是这样呢？我连夜查询了计划生育政策相关的文件，发现有一条规定说孩子已认定失踪，但在没有迹象证明孩子死亡时，可由公安或计生部门另出证明。

我像抓住了救命稻草，赶紧打电话给深圳市公安局南山分局，跟他们说明了情况，请求“另出证明”。他们告诉我不要着急，马上就派出两名负责孙卓案的警官来到监利。我知道他们也很希望我再要一个孩子，以冲淡失子之痛，以后能更理智地寻找孙卓。

两位警官在湖北奔波了一个星期，其间还去了荆州和武汉，估计走了不少程序，最后告诉我，终于把证明办下来了。

我满心欢喜地到计划生育委员会领取准生证，以为他们办下来的就是针对特殊情况的证明。可当时我面前摆放着一沓纸质材料，我清清楚楚地看见里面就有一张死亡证明，上面赫然写着孙卓的姓名。

我活像被人用尽全力狠狠甩了一巴掌，耳鸣眼昏，太阳穴刺痛，从头到脚都烧起来了。有一会儿，我怒火中烧，几欲跳起来当场发难。可是这股怒气就像被刺破的气球，一下子就瘪了。我深知，如果能有更好的办法，谁也不会特地花一个星期的时间来耍我。我半天没有说话，带着一种麻木的愤怒，默默签了名。

我写下那三个字，像认罪，像挨刀，像将一张写了我一生的纸投进火里，付之一炬，又将纸烧尽后的灰扬进海里，再无可能捞回。我这辈子都没有觉得这么窝囊过。

等到准生证终于拿在手里，轻飘飘的，让我想骂人，想放火，还很想哭。从前我贴寻人启事的时候，偶尔会遇上嘴碎的围观者，说什么“几年都找不到，肯定凶多吉少了”。我听了总是怒气冲冲地掉头就走，懒得跟他们计较。

如果我有时间和精力，我会一个个教育他们：“听好了，我的小儿子只是一溜烟从家里跑出去玩了。他很调皮，脾气特别大，但他会收拾自己的衣服、鞋子——你们的小孩会吗？他喜欢上幼儿园，还会到菜市场买他妈妈喜欢吃的鱼。他的身体结实得很，生下来就有八斤多，3 岁就能单手把他的小摩托车拎起来甩，肯

定能活 100 岁…… 他只是出去玩了，一不小心跑得有点儿远而已。别胡说八道了，知不知道？”

可是最后我捏着那张准生证出了计划生育委员会，视网膜上久久印着“死亡证明”四个黑色的大字。我感到自己不像一个人，要我说自己的儿子死了，我就得说自己的儿子死了。哪天孙卓知道了也不会原谅我这个爸爸的。

这件事我一直没有告诉母亲和妻子。连我自己都承受不了，我知道她们会心碎的，肯定要哭得死去活来。我只希望她们都健健康康的，多活几年。

当时四英 35 岁，是高龄产妇了。她情绪不好，身体又特别差。七八月盛夏时节，我们各个都热得要命，她还浑身发冷要盖被子。生产前，医生说她的血小板数据比正常人低很多，担心会大出血，准备了很多血浆。除此之外，我们还一直担心孩子出生后会有什么缺陷。我不知道有没有人就此做过调查统计，但是仅仅据我粗略的观察，寻亲群体中新生儿先天患自闭症的概率明显偏高。我猜测这和母亲怀孕时的身体及情绪状况不无关联。

2012 年 3 月 12 日，在深圳市西丽医院，四英生下了我们的第 3 个孩子。这是一个男孩儿，虽然只有六斤多，但各方面都很健康。医生说我们很幸运，孩子骨架小，所以没有引起大出血。我当时想，这个孩子刚出生就在保护他妈妈。

半夜，我给母亲打电话报喜，母亲高兴得哭起来。孙悦也没有睡觉，一直在电话旁等着消息。中央电视台的记者得知了这个喜讯也赶来医院给新生儿做报道。负责孙卓案的警官则问我给新

生儿起名字了没有，我说想请陈士渠主任来起名。

他们马上就联系了陈士渠，当时他正在珠海出差，给我来电说：“取名叫‘孙越’怎么样？——‘卓越’。”

我哭笑不得，告诉他：“我女儿就叫孙悦，只是没有对外公开。已经有‘卓越’了。”

陈士渠于是又想了一天，第二天告诉我：“叫孙辉吧。”

我想“辉”一定是“光辉灿烂”的意思，但还是追着问他：“这怎么解释呢？”

和我想的完全不一样，他说：“‘辉’谐音‘回’，孙卓一定会回家的。”

孙辉，孙辉，这是一个很美好的名字，充满希望。

我摆了酒席，除了亲人、朋友，我还请了不少跟我熟悉的家长，以及一桌民警。民警们都很高兴，以为我从此就会少给他们“添乱”了。家长们表面上也很开心，其实我知道这是一种掩饰，在内心深处，他们都担心我从此就不会带着他们到处找孩子了。

实际上，出乎所有人的意料，没过几天我就“重出江湖”了。对于四英来说，我可能不是一个很体贴的丈夫；对于孙悦和孙辉来说，或许我也不是一个那么负责任的父亲。但是就像我说的，我顾了这一头儿，就会亏欠那一头儿；顾了那一头儿，就会亏欠这一头儿。那个时候我总是能听到一些风言风语，说孙卓“已经不在了”。气得我半夜睡不着觉。我知道我的孙卓就是好好的。我能从我的血液里感应到，从我的脉搏里感应到，我知道我一定会把他找回来。

2012年5月26日，湖北卫视邀请社会各界打拐人士做一期节目，陈士渠也借此机会召集寻子家长们听取建议。见到陈士渠，平时怒气冲冲的家长们没有一个无理取闹的，都很认真地向他汇报线索。陈士渠一边听，一边将相关资料都收集到自己的小包里，还不时追问："后来又发生了什么？"

节目录完后，我们留了几人和陈士渠一起吃饭。他询问了小孙辉的情况，又很欣慰地叮嘱我："以后可以好好过日子了，孙卓就交给我们来找。"我不置可否。

2012年的六一国际儿童节，我又带着大批家长跑到了北京，这让深圳公安部门有些为难，也让陈士渠很难理解。他们觉得我这样做没什么用。要是知道怎么做有用，我能不做吗？我曾经炖了1只半熟的鸡，拎着它绕房子小跑7圈，又把它放在监控摄像头底下，一边磕头一边念念有词：孙卓回来，孙卓回来……

我必须不停地做无用之事，并发自内心地相信它一定会有用，否则我该如何度过这些落空的日子？我又凭什么宣称总有一个日子不会落空？

好在孙辉出生之后，家里的气氛改变了许多。我没有感觉担子更重，反而觉得轻松了。从前每次找寻回到家中，父母和妻子总是可怜巴巴地望着我，希望我能带回一些好消息。我总是固执地沉默以对，这让他们很难过，我们一碰面就是吵架。不过，这之后，两位老人忙着照顾婴儿，脸上也有了笑容。

有一回，父亲推着婴儿车带小孙辉到公园去散步，母亲跟在后面高声骂道："老死鬼，去了公园不要打瞌睡，给我精神点儿！"

我哭笑不得，既惭愧又欣慰。我已经很久没有看到母亲这么高兴了。

寻子路上的第 5 个年头和前 4 个是一样的，却也不一样。我依然像只困兽，高举着火把四处乱走，可当我抬头，只见天空湛蓝如洗，微暗的火光飘飘荡荡，左摇右摆，像金灿灿的小人儿在向我招手。

原来是起风了。

这是一位特殊但又平凡的父亲。13 年前，孙海洋 4 岁大的儿子孙卓，在自家包子铺前被人贩子拐走，至今寻找未果，妻子因此大受打击，病痛缠身多年，曾经热闹的小家庭不再。2012 年，孙海洋与妻子决定重新要一个小孩，生下第二个儿子孙辉，"辉"谐音"回"。十余年来，孙海洋大部分时间都在外寻找孙卓，而孙辉也在慢慢长大。这个夏天，孙卓 17 岁，孙辉 9 岁，在父亲节前，我们去到深圳，记录下这位父亲在这个夏天与孩子的相处掠影，在灿烂的夏日里，细看"父亲"的模样。

——《南方都市报》，2020 年 6 月 21 日

视频：张静、实习生　陈姗姗，编辑：陈蓓蕾

15

《亲爱的》

“这就是别人的伤口已经鲜血淋漓了，你还要往上面撒一把盐。”

2012 年夏天，我第一次向人道出了办理准生证的心酸经历。坐在我对面的是导演陈可辛。

我告诉陈可辛，其实类似的事很常见。据我所知，有些孩子是在十几岁、二十几岁丢失的，这个年纪被拐卖去“养儿防老”的可能性较小，往往会导致更严重的问题。时间长达数年的话，当地的户籍办理处会依据相关规定，联系其家属进行户口注销。这种事情家属是无法接受的，让他们承认失散的亲人死去了，永远不会再出现了——这对他们来说无疑是一种伤害。

我说：“即使是一个盲人，他要抱着一支蜡烛不放，你也不能说这蜡烛没有用了，就要把它掐灭。”

陈可辛沉默了很久，叹道：“太冰冷了，太冰冷了。”

其实当时我并不很清楚陈可辛是谁，只是忽然接到了一个电

话，对方称是导演陈可辛的助理，在新闻里看到了我的寻子经历，想约我聊一聊。

一开始，陈导主要是对彭高峰感兴趣，彭文乐回家的经过对于电影制作而言非常具有戏剧性，也很感人，叫上我或许是因为我和高峰常在新闻报道中一同出现，引起了他的注意。陈导约上彭高峰和我，加上他的两名助理，我们一起在深圳香蜜湖见面。当时，彭文乐回家已经一年多了，彭高峰依然在继续关注寻子群体，还多次跟着我出去找孙卓。但是见到我们的每一个人都能感觉到，我和高峰的精神状态已经完全不同了。

在陈可辛面前，我敞开心扉，讲了一个又一个故事。我讲到和高峰一起如何漫无目的地找孩子，讲到骗子打电话给我都会让我感到欣慰，讲到文乐回家后，我去给他过生日是如何伤心，还讲到了我始终缄口不提的那张死亡证明。

陈可辛时而吃惊，时而愤怒，时而同情，时而感慨。他告诉我，电影一定会把这些东西呈现出来，这是电影人应该承担的社会责任。后来的很多事情也证明，陈导所关心的并不仅仅是一个催人泪下的故事能带来多少票房，他真正关心着我们这个群体的痛苦和挣扎，也发自内心地想要为我们带来希望。

那天，我很希望能得到他们的帮助，因此也打算好了要请大家吃顿饭。我跟着他们进了一家装潢考究的餐厅，只见餐厅里摆放着各式各样可以自取的食物。他们一人拿了一个餐盘，这里舀一些，那里夹一些，装了满满的海鲜和肉类去烧烤。我看得出来在这里吃饭不便宜，也不敢拿什么好食材，最后老老实实地吃了

碗面。

到了买单的时候，陈可辛的助理连说“不用不用”，拉扯着的时候，我才发现这顿饭竟然花了 1 500 元，我吓了一跳，忍不住问：“怎么要 1 500 元啊？”

他们很错愕：“这是自助餐啊，一人要收 300 元。”

我瞪大了眼睛：“啊？这是自助餐？随便吃的那种吗？”

“是啊，随便吃什么都行……我们还以为你就喜欢吃面条呢！”

“……开玩笑，我一个天天在案板上和面的人怎么可能喜欢吃面条呢？”我欲哭无泪，但也不能回头重新吃一次了。彭高峰见状在一旁憋笑，憋了没几秒就大笑起来。

这次见面后就一直没有下文，我也没放在心上。毕竟我这辈子，徒劳的事已经做得太多了。

直到 2013 年，我又接到了陈可辛的助理打来的电话。他告诉我，他们在深圳的法院拍摄电影，问我是否想过去一趟。

我惊呆了，没想到这部电影还真在拍，更没想到他们还真把我的经历改编进去了。等我赶到法院见到了整个剧组，一时间都怀疑自己在做梦。

我几乎不花时间去看任何影视作品，对娱乐圈也不怎么了解，可是连我都一眼认出了现场好几位大明星。那一刻我恍然大悟：希望真的来了。

2014 年，电影《亲爱的》杀青。剧组邀请彭高峰和我到北京去。我们跟电影主演们坐在一起时，陈可辛很关切地问我：“海洋，你需要什么就告诉我们，什么都可以说。”

他们知道我就是想要孙卓，但他们拿不出来。

我也知道他们可能是想要我开口要钱，但是我不要钱。

桌上所有人都看着我，最后我说："我什么都不需要，很感谢你们。"

陈可辛对这个答案有些失望。后来，剧组总是邀请我一起参加宣传活动，希望能有更多人知道我的经历。

有一回，在深圳大学的演播厅里，彭高峰和我及几位主演站在舞台上。下面坐满了大学生，黑压压的一片，各个都举着手机在录像或拍照。

陈可辛忽然把话筒递给我，他说："海洋，说一句你最想说的话好不好？就以'亲爱的'为题，一句话就可以。"

我接过话筒，缓慢地一字一句地说道："……亲爱的孙卓，我一定会找到你。"

这之后似乎静默了几秒。

接着掌声雷动，几乎要掀翻屋顶。那是我这辈子听过的最响亮、最持久的掌声，充满了年轻的祝福。那是一个多么有温度的场面，黑压压的人群里有着许多双极明亮的眼睛，专注、湿润、热忱。

在电影宣传期间，陈可辛也不止一次地问我怎么才能够帮到我。

"电影要上映了，你有什么想法都可以说出来。"他说。

某一次我大胆地提出："能不能把孙卓真实的寻人启事也放在电影里？让更多人看到他的照片，也许会有更多人打电话给我提供线索。"

陈可辛一口答应道："我一定会给你放上去。"

电影定档在 9 月 25 日，在那之前有一场试映活动，陈可辛请我们带几位家长先去看看。

那天我们带了十多位家长，其中包括符建涛的妈妈彭冬英、徐剑锋的妈妈杨素慧。我始终认为符建涛和孙卓很可能是被同一伙人作案拐走的，也希望能早日有关于符建涛的线索。杨素慧则是我印象很深刻的一位寻子家长，她的儿子徐剑锋在 1991 年失踪。孩子失踪不久后，杨大姐就离婚了，到电影上映时她已经独自寻找了二十多年。

试映现场，在漆黑的影厅里，我的视线也模糊了。我反复伸手去拨开难断的水帘，好看清楚荧幕上变换的画面。电影结束后，孙卓的寻人启事真的浮现出来，我的照片和手机号码也被展示出来，上面写着：韩德忠的原型孙海洋依然在寻找孙卓。

灯亮了。我有些恍惚，感到笼罩我的沉沉黑暗似乎一睁眼就能溶解消散。

走出电影院，我信心坚定，孙卓很有可能会因为这部电影而被找回。

后来剧组还去了湖南卫视的《快乐大本营》，这个节目连我都知道，收视率惊人。在节目上，扮演韩德忠的张译还特地说了一段话。

他说："《亲爱的》这部电影，票房卖多卖少，其实不是最重要的。我们今天来到这里，还有另一个目的。我们最大的梦想就是一定要找到孙卓。"

这时屏幕上浮现出孙卓的寻人启事和我的电话号码。张译把我的电话号码念了一遍，又强调说："大家有线索一定要给孙海洋打电话。"

这之后我那台手机的状况只能用"爆炸"来形容。我一天至少有 20 个小时在不间断地接电话，挂了又接，接了又挂。有关心我现状的热心观众，有关心我那 20 万赏金的骗子，有想提供帮助的志愿者，有好心人很直接地就想给我转账，也有一些形形色色的怪人。令我哭笑不得的是，我甚至接到了无数个这样的电话："你是孙海洋吗？你有演员某某的联系方式吗？"

几天后我的嗓子就哑得无法正常说话了。

《亲爱的》在 9 月 25 日如期上映。孙卓的故事只是电影的支线，但在上映当天，剧组的每一位主演及工作人员都应导演陈可辛的要求转发了我的一条微博，即孙卓的寻人启事。我再也没有办法接下所有电话了，每天都有几千条信息涌进我的收件箱。各大媒体的记者像开新闻发布会一样，天天追着我到处跑。

那年中秋节，我收到了一张贺卡。上面写的是："亲爱的海洋兄嫂，值此佳节，我在威尼斯祝兄嫂早日团圆。"原来是正在威尼斯电影节参加活动的张译给我寄来的。我感动极了。后来我才知道，张译在接受采访时曾说："我在看剧本的时候就哭了，我看到的都是真实的眼泪，真实的情绪，自己也会被感染。"

电影上映之后，网友在短时间内给我提供了成百上千条线索。在这些繁杂的信息里，有一条线索使我坐立不安。信息提供者告诉我，福建省长汀县有一个孩子是买来的，并且长期遭受买家的

殴打和虐待。令我难以忽视的是，他说这个村子里有至少 8 名孩子是买来的，并且将这 8 名孩子的姓名及地址都发给了我。

10 月 31 日晚，我决定驱车前往福建长汀县解救这些孩子。由于涉及的孩子不是一两个，我担心自己一个人兜不住这么大的事，思来想去，最后联系了志愿者仔仔，也就是上官正义。他刚结婚没几天，接了我的电话，二话不说就买了最早的机票。上官正义在 2008 年就和我有联系，当年他做卧底解救了多名被操控的乞讨儿童，后来也一直在为打拐四处奔波。他赶来福建时还带来了央视新闻的两名记者。

这不是第一次，我几乎没有抱着此行能找到孙卓的心情出发了。

或许在有些人看来，我是绝望的，似乎已经失去了方向。事实恰恰相反，我不过是感到远方比近在咫尺的安逸更容易忍受。

遥远的村落里，那些孩子的哭声召唤着我、驱使着我，那些声音也是我内心的声音。一路上，我的手机不停地接到来电，导航的提示音变得断断续续，像某种来自废墟的末日广播。车窗外，高速公路两旁的反光灯有节奏地闪过，夜缓慢流动，托起方舟般的车身。

孙海洋感谢导演和主演们创作了这样一部电影，“将打拐这个社会热点推向了前所未有的高潮，不但使找到孙卓变得更有希望，也帮助了更多失踪在外的孩子”。……《亲爱的》上

映至今，从零差评的好口碑到票房逆增长，从全民推荐《亲爱的》到“全民寻找亲爱的”，所有的奇迹，所有的凝聚，都源于这部电影所具有的爱的力量。而这份“爱”一直在燃烧，我们相信，随着全社会对打拐的持续关注，“小孙卓们”一定能早日回家，孙海洋的寻子之路曙光就在前方。

——新浪娱乐讯，2014 年 10 月 10 日

16

门缝里的孩子

在一片漆黑中，我到达了长汀县一个与世隔绝的小镇。

提供线索者在那里告诉我，镇上只有一条主街，街道两侧的两排民房里，就有至少七八个孩子是拐卖来的。我不敢过早惊动他们，又忍不住悄悄在街上走动，在一户又一户民房门口张望，却只能看见一线浓稠的黑填满了门缝。万籁俱寂，那里既没有城市夜晚的喧闹，也没有农村的蛙鸣狗叫，静得吓人。

第二天一早，上官正义和中央电视台记者们从厦门机场赶来与我会合。

我们商量后，决定先跟当地人“套”些信息出来。很快我们发现镇上有一户人家专做洗车生意，是两个老人在洗车。于是我们把车开过去假装要洗车，记者们已经装上了暗访用的录像和录音设备。

两个老人见我们一行人风尘仆仆地来洗车，很高兴地开工了。

上官正义先是跟我们聊天，他说："结婚几年了，家里还没有个儿子。唉，真难办。"

帮忙洗车的老婆婆看了我们一眼，显然这引起了他们的注意。

上官正义于是随口问道："你们年纪大，见得多，不知道有没有什么办法能弄到一个男孩儿？"

不料老婆婆闻言，登时来劲了："这个好办啊！"

我们不动声色，内心喜忧参半。

上官正义感兴趣地追问道："这怎么办啊？有什么门道？"

老爷爷竖起一根食指："有！一个星期就能弄来！"

就在这时，一个六七岁的小男孩儿背着书包走了进来。

老婆婆竟指着孩子毫不避讳地说："你看，我这个孙子就是买来的！"

上官显得又高兴又苦恼："哎呀，这么好办呀？那买回来怎么登记户口呢？"

老爷爷说："这个……我们刚好碰上了一个机会，之前 2011 年开展全国人口普查，我家多了个孩子，就顺势给他登记上了，收了 4 万元。"

他并没有说是谁收了这 4 万元，但我们都心知肚明。

洗完车，我们又商量着怎么去落实下一家的线索。当时是放学时间，路上有一群小朋友在打闹玩耍。上官又跟小朋友搭话，问道："你们知不知道这里有买小孩儿的？"

一个 10 岁左右的小姑娘像在课堂上抢答问题似的，认真答道："有啊，我们这里有很多的。我弟弟就是买回来的。"

我心里一颤。这话从一个孩子嘴里说出来，让我们都难以忍受。我以被拐儿童家长的身份报了警，告诉警察这里有几户人家买孩子。接线的民警不相信地说："我们这里没有买孩子的。"

我们又连续打了好几个电话，对方始终不承认，也没意识到事情已经很严重了。

我们只好跑到了派出所。我说我是《亲爱的》电影中的原型人物之一孙海洋，中央电视台新闻频道的记者也亮出了他们的记者证。民警们蒙了，半个小时后，当地公安局的局长来了，并赶紧派出了刑警大队的干警开始查案。通过调取户籍信息，他们很快就锁定了当地的 8 户人家，一共有 9 名孩子怀疑是被拐卖至此，其中一户竟然有两名儿童来历不明。

第二天，我们又来到派出所，所长像煞有介事地摆出了 6 份出生医学证明，他说："来，来，我教你们看。正规的出生医学证明都是有防伪标识的。"

他拿出一块玻璃状的小卡片，带我们鉴定这 6 份证明，每一份果然都有能被"小玻璃"照出来的防伪钢印。所长的意思是，这些出生医学证明都是真实的，当时登记户口，他们也很难发现孩子不是那个家庭亲生的。当时的我对此持保留意见。

除了这 6 名被出生医学证明"合法化"的孩子，另外 3 名孩子则是通过非亲属投靠程序登记的户口。这种程序一般也要经历严格审核，至于他们是通过什么方式躲过了村委、户籍办理处和派出所的层层审查，我们不得而知。

11 月 6 日，DNA 检测结果显示，这 9 名被锁定的孩子中有 5

名属于所在家庭的非亲生孩子。令我震惊的是，这5名儿童中有3名竟然是被自己的亲生父母卖掉的。我有些后悔，这些孩子本来以为自己是亲生的，可因为我们的打扰，忽然就知道自己是被亲生父母遗弃的。这也导致在后来的打拐经历中，我都会先问清楚来历不明的孩子是多大被买回去的。如果是刚出生没多久就被买来的孩子，极大概率是亲生父母出卖的，我也就不会那么“积极”地去解救。因为这样的孩子即便被查明身世，也回不到原生家庭，留在买家或是送到福利院，对他们来说都是一种伤害。

2014年11月17日，中央电视台播出了题为《宁静小镇卖子成风》的暗访调查报道，引起舆论哗然。当地严厉打击了买卖儿童犯罪，追究了派出所、村委会多人的责任。

上官正义认为，如果买孩子的家庭都能通过获取出生医学证明给孩子登记合法户口，那么暗处很可能隐藏着一条出生医学证明的买卖链。他再一次投入卧底调查当中。

很快，上官正义根据长汀县那几份出生医学证明，追到了惠州某卫生院，并证实了出生医学证明确实是从这里流出的，该院甚至还有从产妇入院到孩子分娩的全套住院记录。卫生院的梁医生告诉他：“最近查得严，风声紧，要贵一些。”并向他索取7 500元的“感谢费”。这一切都被随行而来的中央电视台记者记录下来。

2015年1月21日，中央电视台播出题为《“出生证”买卖黑幕》的暗访报道后不久，两名涉事医生都被判处了一年有期徒刑。被拐儿童在买家处登记户口的乱象，也是在此案之后受到了高度关注和重视，一切似乎在慢慢变好。

2016年5月15日，由公安部刑事侦查局与阿里巴巴公益联合开发的“团圆”系统正式上线，用于权威发布失踪儿童信息。在我看来，“团圆”系统最大的优势在于依托网络传播的时效性，能够第一时间将儿童失踪信息推送至失踪地周边的手机用户。我常常强调，儿童失踪后的24小时是找回儿童的黄金时期，错过了这24小时，拖到孙卓失踪的第6天、彭文乐失踪的第13天，这时间足够让人贩子把孩子带到世界上的任何一个角落。

从2009年公安部开展打拐专项行动，建立全国打拐DNA资料库，到2011年实行“一长三包制”；再到2016年“团圆”系统上线后，被拐走的孩子已经越来越少了。

我想这样下去，在不久的将来，人贩子都要“失业”了。

可就在这些好消息当中，我却产生了深深的失落感。后来我也没有再关注“团圆”系统的相关消息，因为它只对新案有用，对一件发生了近10年的旧案发挥不了任何作用。

我只能采取笨一些的方式，一次又一次地外出寻找。有时候没有任何线索，也没什么好办法，只好在买孩子多的地区“巡逻”似的到处走。

有一回我在潮州“巡逻”，听见路边一户人家屋内传来孩子们嬉闹的声音。我忍不住驻足，又从半敞的门缝里探头探脑地往里看，很想看看里面的孩子长什么样。张望了好一会儿，我猛然想起来，孙卓已经是上中学的年纪了，早已不再是我记忆中的那个“小不点儿”了。

那个猛然想起来的瞬间，就像人从一个无比美好的酣梦中惊

醒，极不情愿地闭上眼睛，一边回忆，一边努力地想要回到梦中，想把它继续做下去。后来到底发生了什么？我越想焦急地唤回那个梦，它越是无情地消散殆尽。哦，我必须醒来了，那个梦已经回不来了。

我怅然若失地抬脚离开，走到另一条街，见街上有几个中学生模样的孩子放学回家，正有说有笑，我又跟着他们左看右看，把他们吓得不说也不笑了。

也是在 2016 年，我认识了被拐儿童家长申军良，他的儿子申聪在 2005 年被人贩子抢走。当时，他的妻子带着 1 岁大的申聪在家，两个男子忽然破门而入，将他的妻子用胶带捆绑住，并用刺激性药物捂住其口鼻，就这样抢走了熟睡中的申聪。这帮里应外合的人贩子共 5 人，其中一个就是申军良夫妇的邻居张维平。直到 11 年后的 2016 年，当申军良的妻子已经抑郁，一个家也四分五裂之时，人贩子张维平一伙人才终于被陆续捉拿归案。

令人绝望的是，即便抓到了人贩子，申聪还是没能找到。因为时间过去太久，人贩子已经记不清孩子的去向了。申军良只能继续走在寻子的路上。

后来我们在一起张贴寻人启事时偶然发现，孙卓和申聪竟然是同年同月同日出生的，我们都认为冥冥之中一定会有奇妙的缘分。那时我们两个都已寻找了十几年。

2017 年，我听说张维平终于交代出了 9 个孩子，说都送到了广东紫金县给一名叫“梅姨”的人贩子头目。到了“梅姨”手上之后，谁也不知道孩子的具体去向。有名有姓的人贩子交代出了

9个有名有姓的被拐儿童，且接收者是紫金县的“梅姨”——如此明确的线索，竟也没有派上实质用场。

2017年12月31日，我和申军良喊上十几个家长赶到了紫金县。我们猜测孙卓和申聪都是上中学的年纪了，于是每天兵分几路在当地各个中学门口张贴寻人启事，举着喇叭喊话。那一次我印了几万张寻人启事。

我们还在当地努力寻找神秘的“梅姨”，调查了十多天。根据当地人的说法，“梅姨”曾经在这个村子里短暂生活了两年左右。也是在这期间，张维平将拐来的9名孩子都交给她卖给下家。我们还找到当地的一名老头儿，他是“梅姨”当年的男友。老头儿说“梅姨”的真名叫做“潘冬梅”。他也说得出来“梅姨”长什么样，可就是说不出“梅姨”从哪里来，又到哪里去了。最终我们的调查不了了之，谁也不能证明“梅姨”确有其人，谁也不知道张维平交代出来的9名孩子到底被卖去了哪里。

2018年，广州中院以拐卖儿童罪判处张维平、周容平死刑；判处杨朝平、刘正洪无期徒刑；判处陈寿碧有期徒刑十年。“梅姨”却至今逍遥法外。在法庭上，陈寿碧恳请法院轻判，她眼泪汪汪地乞求着怜悯：“家里几个孩子太小，我不在了，谁来照顾他们……”

这话出自人贩子之口，令我感到一种彻骨的冰冷。

在一年多的时间里，广东省惠乐县铁涌镇卫生院妇产科主

任梁少泉，先后为5对夫妇办理了虚假的出生医学证明。

…………

2015年7月28日，惠东县法院以受贿罪、滥用职权罪，判处梁少泉有期徒刑1年。

…………

户籍警表示，一旦有人能花钱买到出生医学证明，则意味着被拐卖和来历不明的孩子将被改掉身份，而警方和孩子的亲生父母可能永远也找不到这些孩子了。

从2007年开始关注拐卖儿童犯罪、已经成功解救了100多名被拐儿童的著名打拐专家仔仔（化名）接受媒体采访时表示："如果能够堵住办理出生医学证明的漏洞，打拐难度会降80%。"2015年，仔仔写了《致全国人大、全国政协的建议》，详细列举了户籍管理的现状、问题及建议。"如果被拐卖的孩子上不了户口，买家过不了几年就会暴露的，也就没有那么多人买孩子了。"

——《法制晚报》，2016年2月1日

作者　江丞华　王贺健

17

席地而坐的人

夜晚的高速公路会让我在清醒状态下如坠梦中。

我长时间在黑暗里握着方向盘，目视前方，不转变行驶方向，也不改换身体姿势。路灯一盏一盏，近了又远，远了又近，从未熄灭，却始终触不可及。有一瞬，我把所有的事情都忘了，恍惚间，我以为自己在这条看不见尽头的黑色公路上已经行驶了 14 年。

我一个人从深圳出发，没有声张，但这件事还是走漏了风声。我不得不一路接人。穿过风声呼啸的隧道，车子弯到广西藤县，接了最后一个人，终于坐得满满当当。起先我们一路畅聊，聊过去的旅途、未来的旅途，聊各种各样的办法。

不知道是谁说了一句："希望这次能有奇迹——"

对话像被狠狠摁灭的烟蒂，一时哑了火。

车内，空调微弱的白噪声变得清晰起来。几个人异常安静，不知是睡着了还是醒着，也或许二者并无区别，因为从某天傲了

一个噩梦起，我们就一直活在经年大梦之中。

2021 年 9 月 27 日，从深圳驱车一千多千米赶到重庆，我第一次见到了樊劲松。我见过形形色色的骗子，见过荧幕上遥不可及的明星，和刚出狱的人贩子睡过一张床，也给高高在上的人下跪过，但我从没有见过这样一个人。

“都有没有核酸报告？”这是樊劲松说的第一句话，没有一丝客套，自然而亲切。

除了车里的 5 个人，还有另外几个追命般连夜赶来的人。我们当中至少有一半人的核酸报告已经过期，无法进入刑侦局。我急得冒汗，想跟这位面善的警官说两句好话。樊劲松却径自往水泥地上一坐，掏出笔记本，进入了工作状态。我有些茫然，立刻掏出手机把这一幕录了下来。

在很长的一段时间里，我总是会跟别人讲起樊劲松，说：“他是一个真正席地而坐的人。”

所有人都从背包里掏出各种各样的寻人资料。现场有一位母亲穿着一件很显眼的白色 T 恤，正面满满印着一个男孩儿的照片，这个男孩儿叫陈俊焜。陈俊焜的母亲不善言辞，文化水平不高。十多年了，无论走到哪里，参加什么活动，她永远都穿着一件寻子服——我们管这种印着寻人启事的定制 T 恤叫“寻子服”。

樊劲松指着寻子服上的照片说：“这个孩子的照片很清晰。”他目光如炬。

这话让我有种奇妙的感觉。我于是又回过头看了一眼这个男孩儿的面孔，悄悄羡慕起来。

那段时间对我来说是前所未有的难熬，我总是在羡慕这个、羡慕那个。这种“羡慕”像一把无形的锯子时刻锯着我，锯我的喉管，锯我的肋骨，锯我发沉的心脏。

早在2020年3月，我接到申军良打来的电话，他告诉我与孙卓同年同月同日生的申聪找到了。我又感觉“坏了”。申军良很兴奋，我能想象他在电话那头激动得眉飞色舞、唾沫横飞的样子，但我听不进去他说的话，也不想说话。他单方面说了大约有半小时，终于发现我似乎心情不佳，有些不好意思地挂了电话：“那我就不打扰你了，我就先挂了。”

他也没有跟我说“孙卓肯定也快找到了”。时间越长，人们越不敢这样说。甚至有很多人认为，孙卓案如果能破案的话早就有结果了，因为一是有非常清晰的监控录像，二是有公安机关的高度重视。申聪也找到了，怎么还没轮到孙卓呢？

2021年，公安部部署全国公安机关开展“团圆行动”，截至6月11日就找回了1 737名被拐儿童，其中有多件我熟知的旧案被侦破，比如同在深圳被拐走的徐志成、程明、林伟峰……他们都接二连三地回家了，我却始终没有孙卓的消息。

时间走得好快好快，这一年，孙悦去新加坡留学，孙辉上小学四年级了，我也忽然老了。

孙卓呢？他该是十七八岁的少年了。我闭着眼睛努力想象他现在的样貌，可是那种想象像聚不拢的烟雾，一抓就散了。我想如果走在街上，我和我的儿子擦肩而过，我们谁也不会认识谁，就像陌生人一样朝着反方向渐行渐远。

7月，我内心的焦急和苦闷达到了顶峰，因为电影《失孤》的原型人物郭刚堂的儿子郭振也找到了。“团圆行动”中最重要的两个案件就是郭振案和孙卓案。如果这一年还没办法找到孙卓——我拒绝往下想，也不敢往下想。

每天睁开眼想起近况，我就会不堪重负地重新闭上眼，在心里默默问：这怎么得了？这可怎么得了？

一直非常关心孙卓案的宝贝回家网站站长张宝艳也替我着急，当时她已经是全国人大代表。她先是向我要了我和四英的照片，说要给重庆市公安局刑侦总队打拐支队的樊劲松警官做人脸识别。过了几天，她又急着要我们年轻时的照片，再过几天又要孙卓的表哥、堂哥在十七八岁时的照片……我几乎把一切能跟孙卓扯上关系的照片都发过去了。

9月27日，我终于按捺不住，连夜驱车赶到重庆找这位帮我做了好几个月人脸识别比对工作的樊警官。

那天，樊劲松掏出一张照片问我：“海洋，你知道这是谁吗？”

我低头细细地看那张照片，上面是一个留着寸头的少年。我努力想从这张陌生的脸上看出一些线索，却毫无把握，只好说：“不知道。”

他也没说什么，若有所思地把照片收了起来。当时的我并不知道，自己苦苦寻找的真相竟然就近在咫尺。我仅从樊劲松那里带回了一个挥之不去的疑虑，它从此盘旋在我的心头，让我为它的存在深感不安。我隐约觉得，有什么大事就要发生了。

至于那天与我一同前往重庆的家长们，也有了陆续而来的好

消息。

樊劲松后来给我打了一个电话。他说：“你猜我找到谁了？”

我咧开嘴，无意识地笑起来：“我不知道！你不要这样问我，你快告诉我！”

樊劲松说：“陈俊焜也找到了。”

2022 年 1 月 3 日，我再一次飞往重庆，我想亲自去感谢樊劲松。在当时，由于多件旧案接连告破，樊劲松已经被传成了一个很神的人物。闻讯而来的又有七八个家长，包括终于脱下了“寻子服”的陈俊焜妈妈，以及寻找郑楚泽 17 年的郑进伟。

17 年来，郑进伟举着寻人启事出现在所有他能到达的地方，嘴里总是念经似的重复孩子的特征，“他的眉毛很浓密，鼻孔是波浪形的”。当年搬离白石洲的时候，我那个寻子展览馆一样的客厅里所有的寻子广告和报道资料都转移到了郑楚泽家里。

郑进伟打听到我要去重庆的消息，立刻火急火燎地买了机票。可坐飞机也需要核酸检测报告，他又立刻赶往医院，抓住核酸检测窗口的工作人员，恳求道：“我求求你，你要多少钱，我只想找到我儿子，我求求你……”

医务人员动容了，同意破例为他单独测试样本，很快就给他提供了核酸检测报告单。在我们寻子的路上，这种力求“超出常规”是司空见惯的。当我们每一次风风火火地东奔西跑，每一次向不知情的人恳求、下跪，去歇斯底里和拼命的时候，也并不对自己的这些举动抱有很大希望，这更像是出于某种无法遏止的惯性。因为当希望被碾碎太多次，人就会出于自我保护的本能，将

它暂时麻痹掉。

我跟樊劲松说："帮忙找找郑楚泽吧，他爸爸真的太不容易了。"

可是哪里会有一个"容易"的寻亲者呢？我记得当时叶锐聪的父亲在东莞的一个村子里，因为疫情封村，完全没办法"破例"外出。他打电话给我，在电话里号啕大哭，很快哭得哑了声音，电话里好半天才传来断续的、极尽忍耐的哽咽，听起来像奄奄一息的信号即将断在风里。我只能向他保证，一定会把叶锐聪的照片带给樊警官。

那天我还特意喊上了郭刚堂，我希望这些得以团圆的寻亲者能多给樊劲松送些锦旗，为他的工作带来更多动力。但是那天我发现，樊劲松根本不需要更多外来的动力。

在刑侦总队办公室里，我见到一位非常年轻的警官，他叫赵书杰。他虽年轻，眼睛周围却有两个明显的黑眼圈，深得难以想象，活像被人朝眼窝狠揍了两拳。

樊劲松说："人脸识别的比对工作主要交给赵书杰警官。"

他常常工作到半夜两三点，从早到晚坐在电脑前反反复复比对。我到那个时候才知道，原来人脸识别并不是像我想象中那样由高科技系统自动完成，而是需要投入大量的人力。

赵书杰告诉我们："每拿到一张丢失孩子的照片，我们就可以与全国网络数据库中的成万上亿张其他孩子的照片进行比对。人工智能技术可以在海量的数据中匹配出所有相似照片，并计算出相似度。这之后就需要投入人力工作。我会首先锁定相似度高达

百分之七八十的照片，然后一个一个做背景研判。根据我的实际办案经验，如果孩子家中有好几个姐姐，而这个男孩儿的年龄又最小，这样的家庭可能会存在异常情况。如果家里有四个兄弟，那么基本可以排除嫌疑。排除到最后，再用孩子父母年轻时的大量照片反复进行比对，幸运的话，我们能够将范围缩得很小，确定数十个高度疑似对象。但经过实地调查，这些高度疑似对象也往往不是我们要找的人……”

反复比对，不断排除，他们的工作就像愚公移山，是无数次失败的总和。

我带来的家长以及这些没完没了的照片资料，对樊劲松、赵书杰来说都是额外的任务。但是他们都照单全收，昼夜不停地苦苦寻觅。后来，我每接到一个来自樊劲松的电话，几乎都是一个孩子被找到的消息。这对我来说就像一个奇迹，是科技创造的奇迹，也是“席地而坐的人”才能谱写的奇迹。

他随身总斜挎一个鼓鼓囊囊的包，走在马路上，时常被当成常年奔波在外的推销员，他的真实身份是重庆市公安局刑侦总队打击拐卖案件侦查支队支队长……

自“团圆”行动开展以来，樊劲松和他的同事们全力对历年来的儿童失踪被拐案事件进行全面清理，补充完善相关信

息；用好DNA检验这一关键技术，重点围绕失踪被拐儿童父母和疑似被拐人员、身源不明人员等，深入开展排查和DNA信息采集工作……

打拐反拐，樊劲松和他的同事们一直在路上……

——《人民公安报》，2021年6月18日

记者　郑欣、通讯员　颜鸿　许传静

18

第14年又57天

有段时间，我每晚都会重复做一个梦，却好像又都从来没能做完。

梦的开头晦暗不明，有时海啸似的乌云在天边翻滚，人们面目模糊，像潮水一样全部挤往与我相反的方向，有时许多绿皮火车在同一时间发车离开，传来遥远的、哀鸣似的汽笛声。

梦的最后我总是站在一幢摩天大楼的楼顶，我挨近建筑边缘试探地往下看，感觉至少有一千层楼那么高，一切都像在广角镜头下扭曲变形了，大楼像一根四棱锥形的金属棒倒立着扎在地上。我打了一个寒战，脚底有令人摇摇欲坠的风，稀薄的云层在我周身穿行。我张开嘴，云就被我吃进喉咙里，似一团湿凉的烟。

我高举着右手，却不是为了举起火把。抬头一看，原来我的头顶上方有一颗极小却极亮的星子，像河底的一粒沙金，那种沉静的闪光就像一种呼唤。我伸手去够它，太近了，一定很快就能

将它摘下来。只有几厘米了，只要我用指尖一勾——我的半个身子已经探出了高楼边缘，前脚掌也踩在空气里，我浑身紧绷，身体已经到达了极限。

一阵风将我的衣袖吹得鼓胀，云环绕着我流动，似乎都想将我托起。而那颗星星在我的指尖变得柔软而温暖，像一个小小的胚胎。它离我的指尖只有一丁点儿微不足道的距离了，却怎么也无法企及，我因此深感不安。我心跳极快，口干舌燥，什么都忘光了。只要能抓到它——我已经忘了原因——但我必须抓住它。我走过漫漫长路才来到这里，哪怕为此我跌得粉身碎骨。

于是我奋力跃起，一脚踏空，接着安然坠下，落入深渊。

我从过于真实的失重感中惊醒过来。

照片里的少年、席地而坐的樊劲松、符建涛、循环播放的监控录像、卢保磊、牙关紧闭的吴飞龙……凌乱的线索涌入我的脑海，变成一团膨胀的乱麻，越缠越紧。

2021 年的整个秋天，我就这样噩梦连连，头痛欲裂，却又不知疲倦，活得像一具异常兴奋的僵尸。

早在 9 月初，我就接到了一个特别的电话，是深圳公安局刑警队的卢保磊打来的。卢保磊参与打拐工作 6 年，解救了 500 多个孩子，我们都叫他“保哥”。

保哥听起来高兴极了：“你猜谁被找到了？海洋，涛涛找到了！”

他没有说全名，但我知道他说的“涛涛”一定就是符建涛。孙卓和符建涛很可能是被同一伙人拐卖走的，这是我们早已达成的共识。保哥激动极了，表示孙卓案终于有转机了。

当时的刑警队大队长钟勇辉是打拐工作的牵头人。钟勇辉曾告诉我："有一次我在出差，坐在飞机上冥思苦想，想着怎么才能把这些旧案攻破。我们往往只有被拐孩子小时候的照片，可是10年、20年过去了，孩子的样貌已经完全改变了。我忽然想到，能不能依托高科技手段，根据孩子小时候的照片测算出他长大后的样貌，然后实现精准的跨年龄对比……没想到这个突发奇想真的起了作用，后来公安部的专家也多次来到深圳，跟我们讨论人脸识别技术的更新与应用。"

没过多久，公安机关的人脸识别专家就通过这项技术找到了符建涛，这对孙卓案来说也是一次非常关键的突破。保哥非常激动，也叮嘱我先不要声张，他们一定会深挖与孙卓相关的线索。

从那天起，我每天雷打不动地打电话给保哥："挖得怎么样了？挖到没有？"

"还在挖，还在挖。海洋，我们已经跟涛涛做了笔录，涛涛对人贩子是有记忆的，他记得就是自己买家的三叔吴飞龙拐走了他。"

"啊？那这个吴飞龙在哪里呢？"我的心脏怦怦直跳。

深圳公安刑侦局雷厉风行，没过多久就抓到了吴飞龙。可是面对审问，吴飞龙什么也不承认，什么也不交代。我心急如焚，怎么会找到了符建涛还找不到孙卓呢？

很快，符建涛的妈妈彭冬英也得到了消息。她在寻子家长群里报喜，说："涛涛给我打电话了！"

我眼看着聊天框里的消息快速滚动，愈加如坐针毡，一句话也憋不出来。

9月27日，我悄悄跑到重庆，只为见樊警官一面，也见到了照片上那个眼生的少年。回到深圳后，我越来越心慌意乱。我想樊劲松不会随便拿一个孩子的照片这样问我，既然问了，就一定是有原因的。

我又后知后觉地给樊劲松打电话，问他："照片上那个孩子在哪里？"

樊劲松没有正面回答我。

我不断追问："你放心，我找孩子这么多年了，我很稳的，不会乱来的。你告诉我他在哪里，我自己去他的老家偷偷调查一下，一定不会打草惊蛇的。"

最后樊劲松说："他现在在日本。"

疫情防控时期，我对这个答案只有哑口无言。

早在8月12日，樊劲松就比对到了这一高度疑似对象，调查过该少年的背景后，也高度怀疑他就是孙卓。然而，由于孙卓案不是在辖区重庆发生的，疑似对象又远在黑龙江，涉及异地采血，在找到更确切的证据之前，重庆刑侦局在短期内很难调动人员开展采血检验DNA的工作。就在距离真相一步之遥的时候，我们谁也没来得及轻举妄动。

可是自那以后，时间就像被加速了，命运的齿轮开始在我看不见的地方"咔咔"转动。我产生了一种非常强烈的感觉，说不清是喜是忧，就像是火山爆发前夕空气里悄悄蔓延的那种不安宁感，漫长、躁动而压抑。每当我坐在家里，就感觉自己好像被迫坐在火山脚下喝茶，观看岩浆从山坡上沸泄而下，留下蜿蜒发亮

的红痕，火山灰卷着灼热的浪潮摧枯拉朽而来，身后有人在尖叫、逃窜，我却一动也不能动。

10月27日，彭冬英打电话给我，激动得声音都高了八度。

她告诉我："涛涛看到了孙卓被拐的监控录像，说里面的人贩子就是他的三叔吴飞龙。"

虽然我们早已认定是同一伙人所为，但来自符建涛的明确指认还是让我吃了一惊。他们也立刻将这条线索报给了深圳警方。

10月28日，樊劲松忽然给我发来一条莫名其妙的信息，叫我耐心等待，导致我一夜未眠。我又联系了深圳警方，他们表示还在收集吴飞龙的犯罪证据，态度不同以往，让我感到很是古怪。在我看不见的某个地方，似乎有深流暗涌，我却怎么也无法触及。

10月29日，我跑到彭冬英家中，想感谢他们提供重要线索。如果没有符建涛的指认，吴飞龙不会这么快就落网。另一方面，我也想当面询问更多情况。彭冬英告诉我，涛涛非常确定，孙卓案监控录像中的作案人就是已经被捕的吴飞龙。

接着，彭冬英翻出了吴飞龙的照片给我看。那一瞬就像有人在我的脑子里猛敲一只巨钟，"当！"的一声巨响，某根绷紧的弦轻巧地断了，还留下嗡嗡不绝的余音。我发现自己无意识地从椅子上蹦了起来——照片上的男人完全就是监控录像里那个带走孙卓的人贩子！

14年了，我从来没能看清楚过这个人。我看了14年他的头顶、他的背影、他的面部轮廓、他的模拟画像。我对他一无所知，也对他熟悉到了极点。如果他在我面前，我想我能在14年里把他

的脸活活看出一个洞来。

我们多年来的猜测没有出错——孙卓和符建涛确实是被同一个人贩子拐走的。

自从看到了吴飞龙的照片，我觉也睡不着，饭也吃不下。我给保哥打电话，甚至急不可待地请他无论用什么办法都要让吴飞龙招认。我又给陈士渠打电话，我说监控录像里这个人百分之百就是吴飞龙，比我是孙海洋的可能性还大。

我不断给北京公安部、深圳专案组反映，一口咬定就是吴飞龙拐走了孙卓，请求他们深挖此案。然而，吴飞龙毫无悔改之意，始终矢口否认犯罪事实，更不可能坦白孙卓的去向。所有人都急得团团转，这个结却好像越缠越紧，我也越来越无法压抑自己内心的慌乱。

我想起人贩子张维平一伙人当年也被捉拿归案，可是直到被执行死刑，他们都没有真正交代出申聪的下落，线索就断在了“梅姨”身上。我想起人贩子陈广兴的死讯传来后，曹美玲也没能找回自己的儿子蒋峥，至今还在人贩子家中照顾两位老人，简直着了魔。许多找到了人贩子却始终找不到孩子的惨剧，历历在目。

我很害怕自己也会遭受同样非人的折磨，我害怕吴飞龙被捕就是我这一生中离孙卓最近的一次，却再也不能更近一步。

我怕他活着却永远不开口，更怕他哪天忽然死了。

我怕和自己的亲生骨肉像两条遥远的平行线，失之交臂，永离永别。

我开始反复做摘星和坠楼的梦。可是这个梦从来没能做完，

我跳了一遍又一遍，始终不知道自己究竟有没有抓到那颗星星。每次我奋力一够，就被一只无形的大手狠狠抽离到梦境之外。醒来后我心急如焚，怎么也猜不到梦的结局。

直到11月中旬，保哥给我打来一个奇怪的电话。

保哥说："海洋啊，你这个真的是难找啊，这个吴飞龙他死活不开口啊。我现在想到一个新办法帮你找。"

我问："什么办法？"

他说："我让中央电视台来帮你找，怎么样？让中央电视台来给你宣传，把孙卓的寻人启事扩散出去。"

我愣了一下，忽然无声地笑起来。

挂断电话后，我安安静静地坐了一会儿，想到的第一件事是发短信给孙悦，她当时在新加坡上学。

我发短信说，我要做一些锦旗，送给深圳公安局刑侦局打拐办、北京公安部、宝贝回家寻子网、《楚天都市报》和深圳市南山分局等等，帮我想想在这些锦旗上都写点什么。我着实是把她吓了一跳。或许人在经历剧变时的真实反应常常是出人意料的，并不像在剧本里凡事都有逻辑。

过了几天，我跑到刑侦局，试探地问保哥："有什么消息了没有？"

保哥说："还在找，还在找，我们还在采血对比。"

他说还在对比，我就配合地应道："噢，还在对比，辛苦你们了。"

保哥那天的神色和以前完全不同，走起路来甚至还有点儿蹦

蹦跳跳的劲头。我知道自己的猜测八九不离十，如果不是有了好消息，这个时候惊动各大媒体并没有任何意义，孙卓案所缺的早已不是社会的关注了。保哥什么都没告诉我，但我已经准备做锦旗了。

直到一切尘埃落定后，我看到中央电视台的新闻报道，才弄明白这个“死局”究竟是如何真正发生转机的。

公安部刑事侦查局打拐办副主任孟庆甜在报道中表示，公安部曾集结全国各地共 172 名 DNA 人像和信息研判专家，在山东济南、湖南常德先后两次组织“团圆”行动刑事技术集中比对会战，孙卓案则是会战的重点案件。报道称，10 月 25 日，在湖南常德刑事技术集中比对现场，人脸识别专家比对到了几个高度疑似对象，其中一个是黑龙江北安市一名叫国滨的孩子。公安部当即下达指令，深圳公安也迅速开展采血检验 DNA 的工作。为了不惊动孩子们，采血人员穿着白大褂进入国滨所在的学校，伪装成体检医生采集 DNA 信息。国滨的 DNA 信息入库后，立刻就有了比对结果——国滨就是孙卓！这件折磨我们 14 年的旧案，至此才柳暗花明又一村。

11 月底，一天晚上 10 点左右，保哥叫我赶紧到刑侦局去。

我还以为自己惹了什么麻烦，赶到刑侦局后一推开门，就见现场有几十台摄像机对着我。我一眼扫过去，看见了《人民日报》和新华社等媒体。没有人告诉我孙卓已经找到了，他们只是让我说说自己寻找孙卓的种种经历。于是我也继续配合，按照以前的话来说，装作什么也不知道。当时，多家媒体还跟到了家里，拍

下家中的上万份寻人启事，拍下了我们保留至今的孙卓小时候的衣服、玩具，还有装在盒子里的一绺头发。

到了 12 月 5 日，火山爆发前夕的空气已经几近沸腾。保哥来电，像煞有介事地叮嘱我："海洋啊，明天你不要去外面了，你就在家里待着。我们现在有两个孩子在比对，明天我派人把你们接过来，你们也来亲自认一下。"

我说："好，我就不出去了。"

深圳警方还在做保密工作，孙卓被找到的消息已经渐渐私下传开了。我在 9 月 28 日离开重庆时，曾发过一条朋友圈：冥冥之中，重庆我又来了。12 月 5 日晚，樊劲松忽然又在这条几个月前的动态下留下了一条评论：欢迎再来，一定是和以往不一样的心情。

杜小华在半夜 4 点发现了这条评论，再也没办法入睡。杜小华的儿子杜后琪在 2011 年失踪，失踪时只有 6 岁。寻子多年，我走到哪里都常常有他一起，如今他仍在苦苦寻找。

夜深人静，杜小华开始在寻亲群里发消息：孙卓找到了，你们还在睡？孙卓都找到了！

他就好像在喊"天都塌了，你们还在睡"。

杜小华后来告诉我，很多家长都吓得哭了，有的说两腿发软站也站不稳。可我又听其他家长说，杜小华也哭了，杜小华说："坏了坏了……坏了！"

我比任何人都理解这些家长的心情，因为 14 年来，我一直都是那个说着"坏了"的人。

12 月 6 日早上 7 点，两辆车早早停在了我家楼下。警员们要

求暂时保管我和四英的手机，并指引我们上车。他们还以为我们被蒙在鼓里，生怕我们会跑到其他地方去。其实我们心知肚明，根本不可能在那天掉链子。

我们也没有询问什么，两个人紧闭双唇坐在车里，严肃得脸色发青。

本来半个小时就能开到刑侦局，但是司机载着我们到处绕圈，一直开到十点多，又把我们带到警务室喝茶，让我们先等一下。我没有手机，也不知道外面发生了什么，心神不宁，坐也坐不住，站也站不住。

拖到中午，我们终于到了刑侦局的认亲现场。现场还有其他被拐儿童家长，场内坐了一半人都是警官，连公安局长都在。屋子里挤满了记者，各个都架着摄像机，看得出来是在直播。

到这个时候，我和四英还是脸色铁青，拿出了最强的意志力来对抗这场漫长的折磨。领导们轮番上台发言，好半天才宣布道："……黑龙江北安市一名叫国滨的孩子就是孙海洋和彭四英 14 年前在深圳市白石洲失踪的儿子孙卓。"听到这话，我的心情依然处于一种异常紧绷的麻木当中。甚至当有人把一份 DNA 鉴定书交给我，我拿在手上，心里也没有产生任何波澜，我甚至想说"你把这张纸给我有什么用"。万一采血人员搞错了怎么办？万一全国打拐 DNA 资料库出故障了怎么办？我不要看这些东西，我要看到孩子。

并不是我不激动、不高兴，只是我不得不严防死守，全部感情压抑到临界点。只要我的内心稍有松动，泄露出一丝缝隙，海啸般的惊涛骇浪就会以摧枯拉朽之势使我由内而外地决堤。我深

深感到自己已经不能承受一丁点儿差错了。我在14年又57天里修炼出来的承受力已经到了最后最后的关头。如果再给我一丁点儿失望，我一定会疯掉、坏掉、四分五裂。

在岩石一样无懈可击的外表下，我的内心极深处有一个小人儿在咆哮，向屋子里所有人怒吼、尖叫和呐喊。现场的摄像机转啊转，人们的嘴巴张了又合，我开始头晕了，我开始担心：万一我现在在做梦怎么办？万一就像我做了一遍又一遍的梦，当一切近在指端，我就会狠狠跌落，然后醒来，那该怎么办？

这时，有人告诉我，孙卓要从另外一扇门进来了。

一瞬间，我产生了难以言喻的巨大恐惧，感到面前的一切太不真实了。我想我一定会马上从一个梦里醒过来，望着空空荡荡的房间发一会儿呆，想明白了，然后继续度过我的第14年又58天。一定是这样。

我无法呼吸，心脏剧烈跳动。只见一个少年冲进来，朝我小跑而来。

我往前跨了两步，把他抱进怀里，勒住他。我没来得及把他看清楚，只模糊地意识到他比我高一些，可我还是感到他很幼小，像一个小小的脆弱的胚胎一样在我怀里。我必须捧着他、攥紧他、吞下他，把他放回我的骨头里、血液里。

我听见一种遥远的、野兽般的号哭声，它来自我的胸腔。哭声奔涌而出，连带着呕出了许多黑血似的东西，那些沉重的、茫然的、绝望的、苦涩的，那些为人知的和不为人知的，还有我的五脏六腑和遭尽折磨的灵魂都从喉咙里逃窜出去，源源不绝。我

这一生从来没有感到自己的身体那么轻过，里面什么都没有了，随时可以飘起来，再也不会坠落。再也没有第 14 年又 58 天了。

6 日中午，山东聊城阳谷县公安局民警叶争在认亲现场宣读了孙卓的被拐儿童身份确认书，并将其交给了孙海洋夫妇，孙海洋夫妇及孙卓现场见面认亲。孙海洋夫妇紧抱儿子痛哭，情绪一度失控。

孙卓说，自己目前在阳谷县生活。几个星期前，孙卓正在学校上课时，突然被老师叫了出来。得知自己系 14 年前深圳被拐案孙海洋之子时，“脑子一片空白，感觉不相信这个事情”。但当看到警方提供的儿时照片，“一眼看上去就觉得这个人是我”。

…………

深圳市公安局刑事侦查局一大队副大队长朱江介绍案件侦办情况时称，2021 年 10 月，该局获得重要线索，山东阳谷籍男子吴某某具有重大作案嫌疑。

与此同时，公安部“团圆行动”也通过人像比对，发现山东聊城阳谷县某男孩与孙某飞（别名孙海洋）被拐儿子高度相似，后经 DNA 确认，确与孙某飞、彭某英符合亲缘关系，证实被拐人员确系 2007 年 10 月在深圳市南山区发生的拐骗儿童案件中被拐儿童。

——《新京报》，2021 年 12 月 6 日，记者　徐杨

19

第二次『生离』

“不记得我了吗?”

“不记得了。”

“不记得妈妈了吗?”

“不记得了。”

“也不记得姐姐了吗?你还有一个姐姐。”

“不记得了。”

他坐在沙发上,戴着口罩,低着头,垂着眼沉默不语。他身形清瘦,弓着背撑起宽松的衣服。他这样的样子对我来说非常陌生,让我有些不敢相信。我记忆中的孩子肉嘟嘟的,身体结实,精力旺盛,还是个“孩子王”。我又伸手去揭他脸上的口罩,想看看他的脸。

四英拉着他的手哭泣不止,说:“你轻点儿,别吓到他了。别吓到孩子。”

可我只顾着观察孙卓的脸蛋儿。几个月前我曾在樊劲松拿出来的照片上见过这张脸，当时我完全没有认出来。等到他坐在我面前，我才发现他明明就跟小时候长得一样。单眼皮，水滴鼻，嘴唇和孙悦、孙辉的一样饱满而微微噘起。他脸上的婴儿肥甚至都没有消失，脸颊的肉感和小时候也一模一样。他没有变，只是在我不知道的地方长大了。

一时间，我有好多故事想讲，有好多话想告诉他，却没能张口。

我想说上一次见面，你还只有一丁点儿大，跑起来一颠一颠的。那个时候我才 33 岁，走起路来都带风。

可是一种岩石般的陌生感挡在我们中间，既冷又硬。我们对彼此一无所知。

“……你到底在哪里啊？”

“在阳谷。”

山东省聊城市阳谷县——我曾几度去过聊城，那是一步之遥。

“在农村里啊？”

他点了点头。

我想装作满不在乎的样子，但是我失败了。

“你的爸爸、妈妈，有没有打你啊？”我很自然地说出了“你的爸爸、妈妈”。

“没有，他们对我很好。”

我不放心，又把他的袖子撸起来，检查他身上有没有什么伤痕。他可能觉得我的举动很奇怪，但他不知道 14 年来我都是枕着许多恐怖的想象入睡的。

到这个时候，我才感到一切都放下了，再也没有什么东西能真正伤害到我了。至少我的孩子是健康、快乐地成长起来的。他什么也不记得，一直把买家当作亲生父母，没有与拐卖相关的创伤记忆。

他甚至不知道自己的真实年龄，由于买家登记户口信息时将他的年龄改小了 2 岁，他也一直以为自己只有 16 岁。或许他的单纯就是一种幸运。

认亲仪式结束后，我要做的第一件事就是给母亲打电话，让孙卓跟奶奶说话。我对父母和妻子终于有了一个交代。我再也不是自己人生的罪人了。

孙悦也从新加坡打来视频电话。她说“孙卓，我是姐姐……”，然后就张口结舌，痴痴怔愣着，豆大的眼泪就一颗一颗滚下来。

孙卓安慰她说：“别哭啊。”他脸上带着一点羞赧的、无奈的笑容。那种笑容会让任何见过他的人相信，这个寡言的孩子内心非常善良。

那一幕让我感到莫大的幸福。每一刻都比上一刻让我感到幸福，我开始渐渐相信这一切确实是真的，不是一个过于逼真的梦。

短暂的相处之后，认亲现场安排了一顿团圆饭。由于我是做包子生意的，桌上还端了几笼包子上来，非常贴心。我听见四英问孙卓：“你们那边吃不吃包子？”

他说：“吃啊，但是跟这种不太一样。”

这种差异让我忽然意识到，我完全不知道认亲结束后，会是一个什么样的局面。我能依稀感觉到，他对养父母家是有感情的，

没有什么其他想法。但我明白，这已经是很好的结果了。只要知道他过得好，我就没有遗憾了。只是父母年事已高，还没能见到自己的小孙子。尤其是母亲，14 年来一直在哭天抢地，到处找孙子，身体也每况愈下。我必须让母亲见他一面。这一点，我想任何有父母的人都能理解。

然而，团圆饭结束后，我发现山东公安厅、聊城公安、阳谷公安和当地派出所的公安人员都开始收拾东西，似乎就准备带孩子回山东。

从始至终，没有人跟我坐下来谈一谈，告诉我是什么安排，也没有人问过我们的诉求。面对这一幕，我忽然怒火中烧，平静地问道："这是怎么回事？这就马上要把他带走了吗？"

他们面面相觑，孙卓也看着我。

"今天就把他带走，网络上的声音，你们顶不住的。"我说。

一个山东的警员开口解释道："孩子在读高中，不要影响他学习。"

我强忍着愤怒，坚定说道："我必须带他回湖北看他的爷爷、奶奶。我们坐高铁，只需要两天，然后就会送回山东，你们都可以派人跟着我。"

他们似乎是怕我太疯狂，带走孩子就不会再还回去了。

什么叫"还回去"？我怎么也想不明白。

气氛变得剑拔弩张。他们不敢答应，也自知理亏，你看看我，我看看你，表现得很是难办。这时，深圳公安机关与我熟悉的警官劝和说："孙海洋不会乱来的，这样吧，我们征求孙卓的意见，

好不好？”

所有人都望向那个沉默的少年。

孙卓没怎么犹豫，慢慢说道：“爷爷、奶奶也找了我很多年，我确实应该回去给爷爷、奶奶一个交代。”

这下所有人都没话说了。

当晚，我带孙卓到深圳的饭店和亲戚们吃饭。他的姑妈、表姐、三姨都激动得直掉眼泪，拉着他左看右看，唠唠叨叨地讲起他小时候的故事。孙卓一直都是笑眯眯的，对大家的喜爱，很是不好意思。

我们正说着话，孙辉来了。孙辉刚 9 岁，在我眼里还是个不懂事的孩子，平时也是出了名的调皮捣蛋。当时他手里提着一个红色塑料袋，脸上一点儿笑容都没有，异常严肃地走到孙卓面前，把他给抱住了。

在场的大人们都感慨不已，被一种奇异的柔软击中了。

孙辉抱了很久很久，我们说：“好了，好了。”他不肯放开。

我们轻轻拽他的衣袖，他还不肯放开。

他牙关紧闭，一声不吭，你很难在孩子脸上见到这样沉重的神色。

前几年，我经常在家里低头捣鼓寻子资料，有时候是拿着手机在查询信息，孙辉要我陪他玩，我就说“我有事”。

孙辉不知道大人的事要在手机上办，认为我在玩，气呼呼地问我：“你有什么事啊？”

我说：“我要找你的哥哥啊。”

他就不说话了，自己和自己玩。

我都担忧孙辉会不会在内心深处悄悄讨厌这个未曾谋面的哥哥。哥哥占据了他的名字，又占据了他的爸爸和妈妈。可是那天晚上，孙辉抱着初次见面的哥哥好久好久，久得有人又开始哭了，他才放开了一点儿，接着把手里的塑料袋递给孙卓，意思是给他的礼物。

他还是不说话，绷着一张小脸。袋子里装着饮料和零食，都是他平时爱吃的。

夜里，孙卓和孙辉睡在一个房间里，我睡在隔壁。那是我一生中最踏实的一个晚上。

…………

12月7日一早，我们乘高铁去往岳阳，岳阳站是距离监利县最近的高铁站。彭高峰也与我们同行。在路上，我看到孙卓认亲前接受采访时表示：亲生父母和养父母没有谁轻谁重，对亲生父母有点惭愧，因为将来会回到养父母身边生活。

这番话引起了网友的热烈讨论，记者追着问，我便回应说："我们会尊重孩子的决定。"

回乡途中，彭高峰一直在跟孙卓讲我寻找他的故事。孙卓沉默着，头也越埋越低。我知道高峰是希望孙卓能够改变主意，但是任谁也没办法一下子想清楚。在我们的视角，我们是受害者。可是对一个十几岁的孩子来说，这些变故太沉重了。

就像他说的，他在山东生活了14年，可是他也以为自己只有16岁。那里有他的全部记忆，是他所认识的整个世界。

我说："不要说了，不要说了，已经很好了。快点回去让爷爷、奶奶看看就好了。"

这太沉重了，我不想看到他弯着背、垂着眼，很为难和愧疚的样子。孩子什么都没有做错，又何必让他来承担这些压力？这颗苦果，怎么也轮不到他来咀嚼。

我真的是这样想的。

在路上，大哥和村书记都打来电话，急着问我："怎么迎接你们啊？弄一些什么横幅？鞭炮我们已经准备好了！"

我说："不用迎接，低调就好了。我就是想给爷爷、奶奶看一下他。"

结果出了岳阳火车站，门口已经停了好多辆监利的车，有亲朋好友的车、宣传部的车，还有警车，都是来接我们的。到了监利县，大福路两侧摆放着足有几千米长的鞭炮，路上甚至有四条舞龙的队伍在艰难穿行。一路人山人海，挤满了乡邻和记者，热闹极了。我们走在里面就像逆水行舟，难以动弹。这个小县城已经好多年没有出现过这么大的场面了。

我把孙卓护在身后，好不容易挤进了家门前的小路，只见两个老人远远地站在门口，正掩面哭泣。母亲极清瘦，父亲驼着背，不知道已经站在那里伸长脖子望了多久。

我带孙卓走到老人面前，说："这是爷爷奶奶。"

孙卓本就比我高一些，又比他们高出好多。他还没来得及说什么，就被母亲大哭着抱在怀里。父亲则是默默流泪。

鞭炮声登时震耳欲聋，混杂着人群的喧哗、舞龙队伍的敲锣

打鼓声和母亲不加压抑的哭声。这些声音让我恍然想起《亲爱的》电影宣传期间，我在深圳大学的演播室里拿着话筒说：亲爱的孙卓，我一定会找到你。当时的掌声也是这样震耳欲聋、经久不息。

次日早晨，我们带孙卓到街上吃早餐，吃的是监利当地特色的面条。我拒绝了所有人的同行邀请，不想再有人在孩子耳边念叨我是怎么找他的。

我带他在监利转了一圈，又带他去看那幢已经被卖掉了的房子。那是我 1999 年在湖南永顺县做包子赚了一笔钱后，在街上盖的四层楼房，窗明几净。

我告诉他："你小时候在这里住过。你那个时候很喜欢看《葫芦娃》，看到葫芦娃的爷爷被蛇精抓走那一集，还伤心得流泪。"

房子周围的许多邻居发现了我们，纷纷跑出来，七嘴八舌地跟孙卓说话。

"你和小时候长得一模一样！"

"你小时候我还抱过你，你那个时候好结实。"

"你还来我家吃饭了的，每次我都给你喝旺仔牛奶，记不记得？"

孙卓并不记得，只是默默听着。我只希望他能看到自己曾经生活的痕迹，感觉到他曾经真实地属于这个地方。

或许是这里的气氛太过热情，孙卓有些沉不住气了，问我："爸爸，我们什么时候走？"

我说："吃完午饭就走。"

他喊我们"爸爸""妈妈"。这让我心里发酸。14 年前，有两个陌生人让他喊爸爸、妈妈，他喊了。14 年后，又有两个陌生人

是他的爸爸、妈妈，他又喊了。

他的人生无疑是被割裂的。他消化了上一次，趁着年纪小，把那些事儿全都忘光了，可他又该怎么消化这一次？

…………

从湖北监利县到山东阳谷县约 860 千米。这是我时隔 14 年，第一次送自己的孩子去上学的距离。

平日在家，我是个寡言少语的人，但这一路，我一直在跟他聊天。他晕车，迷迷糊糊地听着，很少应答。见他一点儿活力也没有，身体素质似乎也不好，我难受极了。

途中，他接了一个电话，是他的一位小学老师打来的。他乖巧地应着，挂了电话后告诉我们，这位老师一直对他很好。老师建议他回到深圳。

我清楚当时外界已经闹得沸沸扬扬。我决定亲自开车送孙卓回山东，这一反常举动引起了舆论哗然。很多人都是看着我一路走来的，都不愿意接受这样的结果。公众出离愤怒，要么责骂人贩子，要么责骂买家，甚至还有不少人责怪孩子不懂事。

可对于第二次“生离”，我的心异常平静。在这场悲剧的送行中，我没错，公众没有错，孙卓也没有错，错的只有酿成这一切的犯罪分子。我不敢触动其他，只有抓紧时间和他说话。

“你有一辆玩具摩托车，你 3 岁的时候开着摩托车在村子里到处跑，特别拉风！

…………

“有一次我们走在路上，你看到街边摆摊的人在卖玩具恐龙，

就要我买。爸爸那个时候没钱啊，不给你买。你上去拎起一只恐龙就把它给砸烂了。最后爸爸只好掏钱把那只摔坏了的恐龙买下来。好大的脾气哦。

…………

“有一段时间，我们在深圳开水果店，店里面摆着各种水果，西瓜、葡萄、荔枝……什么都有。你在店里偷了几个山竹，塞在衣服里跑出去分给小朋友吃。把山竹发给大家之后，其中一个小朋友开玩笑说：‘你妈妈好傻哦，山竹少了都不知道。’你一听，当场就飞起一脚，把你的小伙伴踹翻在地上，瞪着眼睛骂他：‘你才傻！’

…………

“你的姐姐在新加坡读研究生。她也很想你，等她毕业回国了，肯定也要去看你。到时候我再把她也送来山东找你，好不好？”

…………

他眼睛半睁半闭，始终没有应答，只静静望着窗外。

夕阳低垂天际，公路在他的瞳仁里匀速驰流，一寸一寸，无穷无尽地倒退。落日余晖越来越暗淡，极不情愿地慢慢坠到地平线之下，直到最后一线光亮燃尽，远方的天空呈现出一种灰烬般的薄明。最后，整个天幕都在他的眼睛里黑透了。

这 860 千米的距离太短太短，只说了几句话的功夫，竟然就走完了。车停在学校门口时，已是半夜 2 点。夜深人静，整个学校都在沉睡之中。

他正准备下车，我终于开口问道：“你现在到底是怎么想的？

深圳和阳谷……”

好一会儿，他默不作声地思索、犹豫。四英紧张地望着他，两手攥得暗暗发颤。

直到问出这句话，我才第一次感到一种深切的悲哀。那种打碎了的东西永远也无法复原的遗憾袭击了我。我以为只要不承认自己有什么愿望，它就没有机会落空。只要我不说出来，我就不会感到如此狼狈，如此无能为力。

可是我必须揭穿自己，那是我仅剩的力量所能做的唯一的事。那是我心里仍然在燃烧的最后一簇火焰。

和母亲分别的时刻，在他们相遇后的第 4 天到来。

…………

从监利到聊城 860 千米，这是孙海洋夫妇时隔 14 年后，第一次送儿子上学。

…………

孙卓被拐后在阳谷县长大。他对媒体说，小时候养父母家的大姐曾说他是捡来的，他误以为是玩笑话；家里也找不到一张他的童年照，养父母骗他“弄丢了”，他也相信。在去深圳认亲前，他曾对媒体说，计划认亲后，再回到山东养父母身边。

他的发言引发许多关注。许多网友评论，孙卓应该回到孙海洋夫妇身边。相处几天后，面对同样的问题，孙卓会陷入沉

默，这是个艰难的抉择，一时很难说谁轻谁重。他在学习消化信息，慢慢考虑。

…………

他们到达阳谷时，已是深夜2点，孙卓甚至没来得及和父母介绍他熟悉的阳谷，就匆匆在夜色里返回校园。

——《中国青年报》，2021年12月9日

20

亲爱的孙卓，我们回家

深夜，我们一家三口在阳谷县某中学门口陷入了短暂的僵持。

这时刻怪异而紧绷。一阵冷风吹过，我忍住了一个寒战，心里一阵阵发紧。我感到自己就像站在被告席上，等待着某种审判。站在这里原本是被迫的，可由于时间太长，我也以为是自己犯下了滔天罪行，分不清楚了，只想快些挨下当头棒喝以换救赎。过了好一会儿，我们面面相觑，谁也不愿出声，直到他开口。

“回深圳的话，有学校吗？”他小声问道。

一种大罪获赦般的喜悦淹没了我。

“我一回深圳就去给你找个合适的学校。”我说。这不该是个问题。

他点点头说：“好。”

他是个很聪明的孩子，知道自己说的话意味着什么。我担心他难以消化这样的变化，又补充说：“阳谷这边有你的同学、朋

友，还有姐姐，以后放假了都可以经常来看望他们。”

他低头听着，默默地背上书包、拎起行李，又朝我们摆摆手，心事重重地转身走进了黑乎乎的校园。

送走孙卓后，我高高悬起的心终于落回了原位。略一思索，我赶紧喊来了杜小华，并将自己在社交平台上公开的联系方式也更换为杜小华的电话号码。当时，我送孙卓回山东的消息引起了很大争议，多家媒体连夜跟到了阳谷。网络上风波更甚，人们都无法接受这样的结果。如今孙卓已经决定要回家，那么我也即将从台前退下，推出另一只“领头羊”。这只羊就是杜后琪的爸爸杜小华。

杜小华与我一起寻子数十年，他的人品和性情我都很熟悉。有一回，我和杜小华循着线索赶往某地想解救被拐卖的孩子，没想到消息被提前泄露了，竟导致我们被村民围堵。我得以脱身，杜小华却被人用镰刀砍伤了后背，大难不死，留下了两道深深的疤痕。杜小华为人正直，不缺胆魄，又行事理智，不失分寸。

我喊来了杜小华，自己则快马加鞭地赶回深圳，开始想办法给孙卓联系学校。

早在我们的认亲仪式后，中央纪委国家监委网站就曾发表评论文章《谁给被拐孩子办户口？公权力绝不能成为帮凶》，引起了人们的广泛关注。阳谷警方则在次日就发布公告，称已成立专案组对被拐孩子户口办理问题展开调查，且初步查明孙卓的户籍地在黑龙江省北安市。阳谷警方表示，凡涉及违规违纪等违法问题，将严肃处理。

然而，仅2021年的“团圆行动”期间，就有一万多名被拐儿童被找到。其中又有多少个孩子的违法登记户口的问题能受到重视，得到应有的处理？他们中的绝大多数会面临和孙卓一样的问题：一是违法登记的户口如何注销，二是原生家庭所在地的学位如何安置。经过几日的奔波，我发现似乎没有组织机关在负责解决这些特殊问题，目前也没有一套适用的相关规定。因为户籍和学位问题，最终没能回到亲生父母身边的被拐儿童不在少数。

12月14日，我发送了一条微博：凌晨2点送孙卓到阳谷某学校门口还未下车，我试探地问孙卓，你心里到底是咋想的？他缓了一下，反而问我，我想回到深圳，那里有学校让我读书吗？

这条动态第一次向公众宣布了孙卓愿意回家的消息，又一次掀起轩然大波。无数热心人为这个经过一波三折而来的美好结局激动不已，我们也都相信，深圳这个包容、开放的城市一定能接收原本就该属于这里的孩子。

实际上，除了不断发出声音，我束手无策。我在家里等了一个星期，每天都是无比煎熬。我怕孙卓改变主意，又怕我把他接来深圳之后没有学校可以上，只能把他放在家里。到了12月22日，我依然没有任何头绪，却已无法再承受这样的空等。我的心本该修炼得坚如磐石了，却还是如遭蚁噬，焦急难当。我决定去山东先接回孙卓，这一次，我同意了《中国青年报》的记者跟随进行直播的请求。

出发不多时，我们给孙卓打了一个电话。当时舆论疯狂发酵，整个阳谷县都承受着巨大的压力。孙卓接了电话，只问我们“什

么时候到”，听起来有些着急。我于是一往无前。

那个夜晚冷极了，寒风阵阵。远方的灯光在风中摇颤不止，就如落水的月亮，成了一点即破的蜃影。

我们第二次在深夜到达阳谷。

学校门口停满了车辆，有连夜跟来的记者，也有当地的网红。他们中很快就有人发现了我们，孙卓的老师则及时指引我们从侧门进入。我立刻将车开到侧门，学校一打开门，就以迅雷不及掩耳之势将孩子送进了车里。接着，阳谷县宣传部的工作人员指引我和四英手持身份证拍照，又让我们签署一些文件，非常严肃地办理了交接手续。

校门口停着的车都渐渐围了过来，我又冷不防地从侧门溜出去，开了十几千米才把所有人都甩在了茫茫夜色里。耳旁渐渐静了下来，我从后视镜看到孙卓，他的表情有些发蒙，却没有丝毫睡意，一双眼睛澄如明镜。我心底那根坚如磐石的弦隐隐一动。从此，他又是孙卓了。

那晚，我们在当地一家偏僻的宾馆里安顿下来。我通知了正在赶来的杜小华，请他在阳谷当地的酒店集中接待这些记者。

这 14 年的漫漫长路，一路走来，我接受过至少 500 家媒体的采访，其中有太多记者的名字我已经忘了，也有太多名字我始终能一一道出。从《南方都市报》的刘凡到《楚天都市报》的陈杏兰，从《凤凰周刊》前调查记者邓飞到无数位扛着摄像机在深夜里守望消息的记者，他们都曾在那些或大或小的时刻里帮助过我，在那些或悲或喜的日子里陪伴着我。

第二天早晨8点，我去往酒店，用对媒体人最真诚的感激为这一切画下句点。

酒店内已经无法容纳那么多人，我开车到酒店门口时，广场空地上已经挤满了闻讯而来的各大媒体的记者、社会各界爱心人士以及一大批寻亲者。

人群中，有一个身影让我悄悄叹息，那是寻亲27年的元元和豆豆的妈妈，她也连夜跟着赶了过来。见到我来，她赶紧拿出元元和豆豆的寻人启事，希望我能在摄像机前帮她介绍一下。我告诉在场的记者们，我丢失了一个孩子，元元和豆豆的妈妈丢失了两个孩子，我找了14年，她找了27年。她的痛苦是我的两倍，我难以想象，也不敢想象。我告诉在场的所有人，一定要继续关注那些没回家的孩子。他们的父母依然在寻找，这苦头我终于吃尽了，但还有很多人在含着泪和血努力吞咽。我相信，在大家共同的努力下，一定会有越来越多的家庭得以团圆。

最后，我孤身离开酒店，终于抛下了身后的纷纷扰扰。好像圆满了，却并不畅快，其中混杂着说不清的失落和沉重。我走到了阳光下，但他们还在风雨里。

…………

接到孙卓后，我没敢直接带他回深圳。因为他的学校还是没有着落。

途经庐山，我便带四英和孙卓在那里游玩了一天。看见我们游山玩水的照片，人们以为我很轻松，也为我感到欣慰。其实那几天，我急得没法儿说，生怕把他带回深圳后要让他坐在家里，

没有学校可就读。我故意把车开得很慢很慢，我甚至希望时间能够就此停止。

等我们终于回到深圳，我还是没带孩子回家，而是直接到海边住下。我们在海边逗留了 3 天，每天踩沙子、逐海浪、吹海风，能想的办法都想了，能拖的时间都拖了。

邓飞很担心我的情况，他打电话来，说："这可怎么办啊？怎么跟孙卓交代？"

我说："如果真的没有学位能给他，我就只能再一次把他送回山东继续读书了……虽然这一定不是所有人想要的结局，但是我也无能为力。"

邓飞无言，好一会儿才说道："……那我就不用担心了。"

果然，12 月 26 日，我在海边得到了通知。教育局反馈会根据孩子的实际成绩为他安排一个合适的学校，在保证教育公平的前提下，协助办理转学事宜。

农历腊月初七，也就是2022年1月9日，是孙卓的18岁生日。这本该是个秘密，消息却不胫而走。我们收到了全国各地的热心人寄来的礼物，快递堆积成山。到了生日当天，还有各种各样的蛋糕不断被送到家里。

我们将蛋糕都摆出来，仔细一数，发现不多不少，竟然正好 14 个。这就像全国各地互不相识的人们暗中说好了一样，要让我们将已经错失的 14 个生日都在那天补回来，将过去没吃上的 14 个蛋糕都在 18 岁这天一齐吃掉，多么奇妙。

那天也是孙卓第一次与公众打招呼，面对十多万人的直播，

他戴着口罩，笑眯眯地招手，有些腼腆，很讨人爱。

“大家好，我是孙卓。”

这就像一种公开的宣布。今后再无国滨，只有孙卓。从头到尾，他没有表现出对自己身份的不认同，与我们的相处也很融洽。除了吃不惯南方菜以外，还没有遇到什么困难。好在后来他又告诉我，学校食堂的饭菜非常好吃，让我放心了不少。

没过多久，孙悦从新加坡回国，终于完成了21天的隔离，可以回家了。人们都说这个家庭没有因为孩子“被拐”而四分五裂，经济条件还能支撑，女儿也培养得不错。听到这样的声音，我又忽然想起当年在山东卫视录制《打开你的心结》的节目时，这个家曾是多么岌岌可危。希望我们的这份圆满能给依然在路上的寻子家长们带来力量——在黎明的曙光到来之前，我们不能允许自己将家变成一座废墟。

那天，孙悦一进门，孙辉就高兴得手舞足蹈，跳到孙卓的房间门口敲门，快乐地大喊道：“哥哥——！姐姐回来了！”

孙卓从房间里出来，还戴着口罩，很是害羞，可那双眯成了两弯月牙的眼睛出卖了他的笑容。孙悦抱住他不放。孙辉见状也要加入，一手揽住一个，把哥哥和姐姐都搂进自己稚嫩的臂弯里。

那是他们三个此生第一次相聚。

…………

那年春节，我们回到湖北老家过年，一家五口刚好坐满一辆车。过去我厌烦聚会，人多了总怕有人问我“孩子找到了没有”。我厌烦鞭炮声，总觉得像是在嘲笑我的不如意。我厌烦代表团圆

的年夜饭，也厌烦桌上那道象征“和和美美”的莲藕汤。

但是这一次回老家，我在路上就盘算着，我要找一张能坐下几十个人的大圆桌，把大哥、二哥、姐姐，还有他们的儿女、儿女的儿女都喊到父母这里一起吃年夜饭。

春节期间，高速公路堵车严重，我们到家时已经是半夜2点了。深冬的湖北，寒气入骨，孩子们都直打哆嗦。到了家门口，我发现竟有十多家媒体的记者们还在等待，网上也有成千上万的热心人在陪伴我们回家，不愿入睡。到了除夕夜，更是热闹非凡。许多记者自己顾不上回家，就在我们家拍摄吃年夜饭的场景。我想人就是这样古怪的生物，尤其是我们中国人，总是要历经一些坎坷，才能在幸福当中找到平衡。如果咀嚼我们来之不易的美好，能给人们带来面对苦难的勇气，那就再好不过了。

那顿年夜饭，我们吃了满满一大碗莲藕汤。那些洪湖莲藕是母亲和四英教孩子们亲手处理的。他们先将莲藕放在热水中浸泡，用钢丝球慢慢刷净淤泥，再切成段。孙悦和孙卓做起家务来都慢慢吞吞，不太熟悉，倒是小孙辉将袖子一撸，刷得像模像样。

孙辉对什么都感兴趣，看到什么都愿意尝试。他当时在学吉他，也很乐意展示自己的小才艺，我们于是允许他在镜头之外为大家弹吉他、唱歌。

除夕夜，无数人正与家人相聚，也在网络上守着我们的团圆。不到10岁的孙辉开了一场线上的万人“演唱会”。他的嗓音稚嫩却低哑，咬字还有些模糊。

他唱了一首自己也不太明白的歌，听的人却任凭思绪走了很远。

徘徊着的，在路上的
你要走吗，via via
易碎的，骄傲着
那也曾是我的模样
…………
我曾经跨过山和大海
也穿过人山人海
我曾经拥有着的一切
转眼都飘散如烟
我曾经失落失望失掉所有方向
直到看见平凡才是唯一的答案
…………

——《平凡之路》作词：朴树 / 韩寒，作曲：朴树

母亲呆愣着坐在沙发上，痴痴听得出神，双眼湿润了。四英倒是在笑，一晃神，她多像 18 岁时的样子，脸颊上堆满了不识愁滋味的欢乐。孙悦和孙卓两个人正将脑袋凑在一起讲小话。歌声未尽，外面又响起断断续续的炮仗声，伴随着寒冷夜晚呼啸的风声，时不时有鸡鸣与狗吠，还有隔壁人家觥筹交错的庆贺声。

接近零点，新的一年即将来临。窗外有烟花“咻咻”地升起，又好像是燃烧过的星星如雨落下。我却恍然听到远方无名的哭声，来自看不见的四面八方。

从曾经日复一日，年复一年找儿子的辛苦无奈，到现在每日分享着一家人幸福的相处细节，孙海洋与妻子脸上的笑容明显多了起来。

…………

回到亲生父母身边后的孙卓，也在逐渐适应如今的生活。大女儿孙悦带着孙卓与孙辉（孙海洋的小儿子）外出游玩，孙卓在抖音平台晒出当天自己的蹦极视频，配文为“人生在于永不停息地向前，背负悲凉，仍有勇气迎接朝阳。”……也有网友在评论区开解孙卓，“这一跳，所有的不快乐都烟消云散，以后的日子都是崭新的。”

孙海洋用14年时间寻回孙卓的故事引发了较大的社会效应，孙海洋表示会继续帮未找到孩子的父母。此前，孙海洋夫妇与孙卓相认时，孙海洋的大女儿孙悦由于身在新加坡未能去往现场，她用“癌症”来形容这些年家庭的痛苦。于孙悦而言，弟弟能找回，是她二十三年来最光明的一件事。“公众的参与已经成为一种非常强大的不可或缺的力量，不仅给我们家也给许许多多被拐儿童家庭力量。”视频里，孙悦向曾参与过、帮助过寻找被拐儿童的公众表达了感谢，也希望孙卓回家的案例能够推动户籍制度的改革、法律法规的完善以及国家对于拐卖问题的投入力度。

——《山东商报》，2022年1月31日

记者　郑芷南　金立红

21

但悲不见小剑锋

“到此愿知万事空，但悲不见小剑锋。杨素慧风餐露宿，历经坎坷，泣血寻子，足迹遍及大江南北，多达 20 多个省市，她痛断肝肠，思子成病，长眠于此，心愿未了，含悲九泉……”

徐剑锋读到这段碑文时，杨素慧已经离世 5 年了。他跪在母亲墓前，就着泪水反复擦拭墓碑上看不见的灰尘，一遍又一遍，擦得那块黑色碑石明净放亮，倒映着郁暗若滴的天空。

徐剑锋生于 1987 年，浙江台州人，1991 年在广州市南方大厦百货商场被拐走。他的母亲杨素慧不久后便和丈夫离婚，独自踏上了漫长的寻子之路。

2014 年电影《亲爱的》宣传期间，杨素慧大姐给我留下了深刻的印象。当时她已独自寻子 23 年。我们随剧组到深圳大学做宣传时，她也在现场。可她不太会做“抢镜头”和“蹭热度”的事情，也不懂得怎么引起更多人的注意，总是举着一个寻子招牌，

老老实实地蹲在某个角落。她沉默得像一个影子。

电影上映前曾有一场试映活动，我也邀请了杨素慧。那天，到了电影院所在的商场，我发现她正独自坐在门口，无声地抹眼泪。

我赶紧前去问她："这是怎么回事？"

她支吾道："我的寻子招牌被保安没收了。"

她并没有生气，好像还生怕给我们添麻烦。如果是其他家长遇到了这样的事，一定会当场跟保安据理力争，闹得路人都来围观。如果有人把这状况传到网上去，引起公众对被拐儿童的注意，那就再好不过了。但是杨素慧只有一声不吭地独自流泪，不知道该怎么维护自己的权利，这让我心里一酸。

寻子 14 年来，除了 2008 年至 2009 年有了晕车的毛病以外，我的身体状况一直保持良好。我总是在找机会发出声音，我写寻子日记，把故事讲给记者、网友和路人，拿着喇叭在广场上喊话，这都是我释放压力的方式。只有将自己的经历和情绪不断分享出去，我才不至于被它们压垮。可是在寻亲群体里，心理疾病和生理疾病都异常高发。我所认识的许多家长都已经早早病逝了，我一直认为这和他们的情绪压力有莫大关联。当时，杨素慧大姐的眼睛已经看不清了，使用手机都非常吃力，让我有些担心。

2015 年，杨素慧患了癌症，时日无多。听到这个消息，我就只得发出一声长长的叹息，决定去看望她。那天，宝贝回家网站的志愿者"燕子"一口气请来了十几位记者，希望作为电影《亲爱的》原型之一的我能够利用自己的影响力给她带来一些帮助。

杨素慧独自一人居住，家里静悄悄的，桌子上摆满了病历本

和各种医疗单据。

见到我来，她笑了："海洋真来了。"

我问她："你现在都吃什么药？"

她说："好心人给我寄来了一些药材，我在煲汤喝。"

我们到厨房揭开锅，只见里面煮着状似南瓜藤的一锅菜，泡在黑乎乎的汤汁里。我们面面相觑，都清楚这肯定不是能治疗癌症的药，不过是喝一个"安慰"。

记者们对这位癌症妈妈的状况做了报道，第二天，广州某医院的院长便联系我们将她送过去接受治疗。虽然病已经治不好了，但我们都希望她不要一个人躺在家里，那么凄凉。我们把她送到医院，希望她在最后的日子里能够感受到一些温暖。

杨素慧病重时，很多好心人看到了新闻，都纷纷联系我们。其中有一个小伙子曾联系我，说他在寻找自己的亲生父母，杨素慧可能是他的母亲。他将自己的照片发给了当时在照顾杨素慧的宝贝回家网站的志愿者"燕子"。杨素慧躺在病床上，看过照片后，又询问了他身高、胎记等相关问题，信息似乎并不相符。

这个小伙子继续给我发消息说：我想去看一下她，不是的话我也愿意喊她一声"妈妈"，她太可怜了。当时，我每天都会收到大量繁杂的消息，来自记者、志愿者、网友、寻子家长，以及寻亲的孩子们，我只当他是一个好心人，一个还没有找到父母的可怜孩子，并没有在意。

2017年1月23日，半夜3点30分，杨素慧的大女儿，即徐剑锋的姐姐用杨素慧的微信账号在朋友圈发布了一条动态：谢谢

各位志愿者对我妈妈的帮助，她在今天三点十二分已经走了，谢谢大家一直关注我的妈妈，帮她寻找孩子。

3点38分，有人第一个评论道：一路走好杨阿姨。

我们并不知道这个人是谁。

杨素慧去世后，志愿者们还在帮她继续寻找徐剑锋，我们的寻子墙上也一直保留着徐剑锋的寻人启事。我联系上了重庆刑侦局的樊劲松后，也请樊警官帮忙留意徐剑锋的消息。宝贝回家的志愿者“燕子”还将徐剑锋的照片资料传给了樊警官。

直到2022年2月，樊劲松忽然打来电话告诉我：“徐剑锋找到了。”

我大吃一惊。杨素慧已经去世多年，徐剑锋竟然还能被找到。我对樊警官的敬意一时间难以言表。我心想，杨大姐在九泉之下也能安息了。我计划着要带徐剑锋前往浙江台州，到杨素慧的墓前，让他见一下妈妈的坟墓。

一天晚上，我正翻看自己的手机相册，冷不防地翻到一张非常眼熟的照片，我打开一看——这不是刚联系上我的徐剑锋吗？

我如遭雷击，抓耳挠腮，怎么都想不明白自己多年前的相册里怎么会有徐剑锋的照片。我立刻将这张照片发给徐剑锋，问他：“这不是你吗？这照片怎么会在我的手机里？”

“你忘记了？好多年前我找过你们，但是你们没有理我。”

“啊？还有这回事？”

“我妈妈当时在医院，我跟你们说我可能是杨大姐的儿子，我要去看看她，即使不是，我也愿意喊她一声‘妈妈’。”

我猛然间回想起当年的种种细节，冥冥中，我们早已触碰过命运埋藏的秘密，却毫无察觉。震惊之余，我又愧疚极了。

“我们没有理你，你为什么不直接过来看她呢？”我忍不住问道。

他长叹一声，说：“……其实我过得很辛苦，我以打鱼为生，每天就休息三四个小时。妈妈走的时候，我才刚出海回来，很忙碌，也很疲惫。当时我并不是很确定，你们也没有回应我，我就没有去了。”

徐剑锋又告诉我，原来杨素慧去世后，在宣布死讯的动态下第一个留下评论的，就是他本人。杨素慧到死也不知道自己已经加上了儿子的微信，徐剑锋也没能见到妈妈最后一面，就这样生生错过，从此阴阳相隔。

我夜不能寐，躺在床上睁着眼睛，反复琢磨这前因后果，啼笑皆非，心酸不已。

3 月 13 日，我们一帮寻亲家长在天色蒙蒙亮时出发，准备将徐剑锋送到浙江台州杨素慧墓前进行认亲。消息传出去，不少寻亲者、志愿者和媒体人都跟着赶来了。

第二天清晨，我们来到杨素慧墓前。她的墓碑是中央电视台栏目组立的，上面的碑文让我读来几欲落泪。这些字句刻在坚硬的石头表面，活像刻在人心里，一刀一刀凿下去，叫人痛不欲生。

徐剑锋跪在母亲墓前号啕大哭，像个手足无措的孩子。他一边哭，一边伸手擦拭自己落在墓碑上的眼泪，擦了眼泪又擦灰尘，从这个角落擦到那个角落。在场的所有人都陷入哀恸，没有人说话，墓地里回响着徐剑锋断断续续的号哭悲鸣，显得静极了。

毫无预兆地，人群中忽然响起一声大吼：“杨大姐——！我们把徐剑锋带回来了——！”

那嗓音之洪亮，把所有人都吓得一抖。陈杏兰当时站在我旁边，惊得半天才回过神来。

这声大吼来自何定涛的爸爸。过去，他经常在寻子广场上唱一首《宝贝回家》，那时我也年轻，会为了愤怒而愤怒，只知道一意前行。后来我变得越来越沉默，他也不再唱歌了。几年前他曾到深圳来见我，身上竟穿着袈裟，告诉我他一心向佛，准备出家了。母亲见到他的样子吓了一跳，悄悄警告我，叫我不要跟这些人混在一起。别人也总跟我说他精神失常了，说他总是忽然对着人群下跪，大喊大叫：“人贩子偷走了几千个孩子！”

在杨素慧墓前，他又是这样“不合时宜”地发出声音。后来我跟陈杏兰讲起他的故事，其实内心无比心酸。大喊大叫也好，不合时宜也好，一心向佛也好，只要能找到宣泄的出口，或许就是一件好事。

我反而不愿在某一天听说，他那叫人难忘的声音从此杳无声息了。一年到头，我最不愿听到的消息，就是又有哪位“难友”猝然长逝，遗恨九泉。

在杨素慧墓前，我想起好多年前，陈进军的妈妈也总是跟着我到处跑。直到我偶然间了解了陈进军父母的生活状况，又渐渐不想让他们知道自己的行踪。因为在这些小小旅途上花的钱，可能会让他们回家后揭不开锅。他们两口子在东莞，为工厂做电子产品的手工配件，领着极微薄的薪资，住着一个月 150 元的单间，

只能上公共厕所。

后来我告诉她："不要来了，我这次不是去找孩子，我是去瞎弄着玩的。"

我不愿意让一趟趟"白跑"拖垮了他们摇摇欲坠的生活，我也想不清楚这样做到底算不算为他们好。但是很多事我都不愿再往深处想，因为想也无解。

我想起自己最"怕"的一个人，残疾人陈升宽，他的妻子也是残疾人，而他们唯一的孩子在2岁多时被拐走了。每次跟着我出去找孩子，陈升宽只能靠双手在地上爬。我去到哪里，他一旦得知了消息，总是很固执地要跟着爬过去。我能做的只有找志愿者努力给他筹到一些路费和补贴。

孙卓回家后，许多热心人士想方设法地要给我转钱。我反复强调我们一分钱都不要，但有人非要转。我也很感激，最后我只告诉一些固执的好心人，如果你真的那么想帮助我们，我推荐给你一个人，你愿意的话可以帮助他。我说的这个人就是陈升宽。

犹记得2017年，我在广东紫金县找"梅姨"，一找就是二十多天，陈升宽也跟着爬了二十多天。他两手着地，手上穿一双破旧不堪的拖鞋，身后一脚悬空，随着他的移动左摇右晃。他极少言语，脖颈总是爬得青筋泛起。他一边爬，一边汗水疯流。我眼看着豆大的汗珠子在他的皮肤上滚动，感到如鲠在喉。我可以接受陈升宽抱着希望一步一掌印地爬到某个地方来，但是我很害怕看到他一步一掌印地又爬回去。因为连我自己在失望的归途里都会常常感到浑身无力，像被掏空了一样站也站不住。我想不明白，

陈升宽是哪里来的力气，还能支撑他一次次从失望之地爬回绝望之中。

这个寻亲家长群体里有太多非常穷苦的人，也有不少什么也不缺的人。但是这些人没有哪一个会说自己过着困顿的生活，或是过着优裕的生活。因为他们的人生都已经变得别无二致，唯有“寻找”，唯有为找到孩子而活。或许人们会觉得这种活法过于惨淡了，其实能为什么而活总归是件好事。

我终于走到头了，无数个“我”却还在路上。在这里，有的人病了，有的人疯了，也有不少像杨素慧一样倒在路上的，都心愿未了，含悲九泉。有许多看似活蹦乱跳的，也在内心深处偷偷期许死亡，就像绷得太紧的绳子渴望被一了百了地剪断。

从人间找到“天上”，癌症妈妈杨素慧寻找徐剑锋的故事让人唏嘘。2022 年的清明节，对徐剑锋来说意义非凡。带着寻到亲人的喜悦、与亡母失之交臂的遗憾交集在一起，他在这个节日前夕祭奠了亡母。

…………

杨素慧的碑文让徐剑锋心酸。墓碑记录了杨素慧的生平，刻着无尽的遗憾——“寻子杨素慧：到此愿知万事空，但悲不见小剑锋。”

3 月 31 日这天，他和家人落实了重新铭刻母亲墓碑的事，

把墓碑上的“寻子杨素慧之墓”换成“慈母杨素慧之墓”，并将“子剑锋印”铭刻在母亲的墓碑上，还加上了爱人和孩子的名字。“在我眼中，妈妈很普通，但又很伟大。扫墓的时候，我对她承诺了，我会慢慢从悲伤中走出来，和姐姐好好过日子，但愿来生，我还能继续做她的孩子。”

——《新快报》，2022 年 4 月 4 日，记者　李斯璐

22

在『结局』之外

2022年6月19日，我第一次作为三个孩子的父亲度过了一个父亲节。

前一晚，我从福建莆田赶回家，进门时已过午夜。孙卓和孙辉在酣睡，孙悦听到响动，从房间里探出头，小声跟我打招呼。四英听说我没有吃饭，赶紧进了厨房，留下一屋子寂静无声。

我在客厅坐下来，想起自己曾无数次坐在同一个位置，要么坐立不安，要么心急如焚。可是那天晚上，我发现这个小小的出租屋好像已经装下了我毕生所求的一切，只要我稍一移动，幸福就会满溢而出。

第二天，我们一家五口围坐在桌前，吃着家常的饭菜，聊起平凡的日常。有时候我会不小心说起湖北话，孙卓会不小心说出山东话。我们父子俩就像初识一样，面面相觑，然后连忙笑着改口。孙卓刚回家时，我曾说他变得内向、少言，和小时候不一样

了。后来我发现，有些东西流淌在人的血液里，也埋藏在人的内心深处，从来不会轻易消失。只要一家人在一起，时间总能治愈一切。

那天，孙卓端起杯子敬我，说："祝爸爸父亲节快乐。"

我的前半生，出走过，奋斗过，失去过，徘徊过，寻觅过，挣扎过，最后画上了一个圆满的句号，像一声饱含幸福的叹息。

故事总会有结局，人生却从来道不尽。在"结局"之外，生活仍在继续，长路并没有消失。这条路被人们前赴后继地走过，只能从无到有，却很难从有到无。我站在路的尽头，回过头来，怎么也放不下身后那些人。他们有的躬身而行，有的四肢并用地爬，有的夜不能寐，有的但求昼夜不停地做梦，有的嘶声喊叫，有的双唇紧闭却泪如泉涌，有的人眼泪早已流干，却还要干燥地哭号出声，好像盼着血管里的红色液体也能从泪腺涌出似的……

我看着他们，就像看着自己。我想对他们说一句我总挂在嘴边的话，"一定会找到的"——可是当我张开嘴，却感到喉咙像被生锈的铁片割破了那样疼痛。他人曾痛我之痛，如今我也痛他人之痛，这种痛原来无法割舍。我必须为他们做点儿什么。

2022 年 1 月 1 日，孙卓刚开始在深圳上学，我就赶到了杭州。杭州"花开岭"是"中国社会组织首次获得政府划拨建设用地，多方共建的中国首个公益主题村"，我去参加"花开岭"创始人邓飞主持的公益活动，并和陈杏兰、彭高峰等人商量着，想在杭州建立一座"寻子展览馆"。

这个想法由来已久。早在十多年前，我还住在白石洲的时候，

我所在的出租屋的客厅就像一个小型展览馆，四面墙壁满满当当地贴着寻人启事、新闻报道及其他纸质资料。我们搬离白石洲后，我又将这些资料都转移到了家在深圳华强北的郑楚泽的爸爸郑进伟家中，他家客厅也因此挂满了无数张孩子的脸。

后来我多次带记者到郑进伟家中拍摄，记者们进了门，都会为这一画面震撼不已，这就是我想要的效果。可我也因此对郑进伟一家人感到很愧疚，想到他们每天的衣食起居都在这样的环境中，生活氛围该是多么压抑。我一直想另找一处地方，专门收集和陈列这些寻亲材料，减少对他们的伤害和打扰。

2021 年 7 月，我曾在河北唐山找到一个房子，计划将它建成“中国寻子联盟”的基地，还打算将房子的外观用几千名孩子的寻人启事严丝合缝地包装起来，给所有路过的人以强烈的视觉冲击。但后来想到多数寻子家长在南方，离河北太远了，这个计划就被暂时搁置下来。

2022 年年初，我们又和邓飞商量将寻子展览馆建在花开岭。邓飞欣然同意，立刻提供了花开岭的一栋楼房给我们做展陈。我们将全部能收集到的寻人启事都放在展览馆，又把打拐历史上的重要事件、关键人物等信息记载在馆中。我将孙卓小时候的衣服、玩具等具有纪念意义的物品，以及剩下的几万份寻人启事都带过去保存在馆中。展览馆建成后，馆中还安排了值班讲解的工作人员，每天都会有人到访参观。寻子家长们也常跑到展览馆会面，有时在那里短住，于是它也真的成了一个小小的“基地”。

这个地方承载着记忆，讲述着历史，帮我们铭记过去，也寄

托着对未来的无限期盼。成千上万份寻人启事挂在馆中，如时代的灰尘飘飘荡荡。一年后，十年后……我们相信一定会有许多粒灰尘得以落地。

展览馆里有一幅“打拐大事记”的图片非常引人注目，上面记录着这样的信息：

2007 年 12 月，公安部刑侦局打拐办成立；2009 年公安部部署全国开展打拐专项行动，建立了全国打拐 DNA 资料库；2015 年，《中华人民共和国刑法修正案（九）》通过，修正了“收买被拐卖的妇女儿童”相关规定，加重了对收买方的刑罚；2016 年，“团圆系统”正式上线；2021 年，公安部部署持续深入推进“团圆”行动，今年以来已找回历年失踪被拐儿童 8 307 名……

到了 2022 年 3 月，“两会”提出了严厉打击拐卖妇女儿童行为，并由公安部牵头成立打击拐卖妇女儿童犯罪专项行动领导小组。4 月 30 日，“两高一部”敦促拐卖妇女儿童嫌犯投案，宣布对于 7 月前自首者可减轻处罚。

当时，人贩子吴飞龙还在等待审判。警方调查到，2007 年 10 月 9 日吴飞龙拐走孙卓，先将孩子藏在东莞其侄子吴兆光处，接着通知人将孙卓从东莞带至山东阳谷县，后将孩子的户口非法登记在黑龙江北安市，并改名为“国滨”。同年 12 月 28 日，吴飞龙又在自己做保安的小区内将符建涛拐走，并故技重施，再次将孩子带到东莞吴兆光处窝藏，后通知自己的二哥吴广玉来东莞接走孩子，改名“吴兆营”。这之后的 14 年里，吴飞龙一直生活在广东，常年混迹深圳，继续从事保安等工作。我很难相信他这么多

年来从未从我的“悬赏二十万寻儿子店”门口经过。

2021年9月底，吴飞龙和吴兆光在广东被捕，吴兆光次日还做假证明称符建涛是吴飞龙的孩子。对于拐卖孙卓的事实，吴飞龙至今未曾承认。仅根据14年前的监控录像，警方就认为这个人贩子作案手法熟练，综合推断其很有可能是惯犯。拐走两名孩子后还敢继续在深圳活动，被抓后又继续狡辩、撒谎，胆大包天，毫无悔改之意。我们都强烈怀疑吴飞龙拐走的孩子绝不止两名，而吴兆光的住处就是一个长期窝藏被拐儿童的据点。

2022年5月，我和宝贝回家网站的站长、全国人大代表张宝艳连线进行视频沟通，我们一致认为被拐儿童丢失时间越长，对被拐儿童家长造成的伤害越大，对社会产生的负面影响也越大。我们有一个不成熟的建议，即人贩子拐走一个孩子10年，就应该被判刑10年，拐走20年，就应该被判刑20年。一般来说，对于人贩子我们不主张判处死刑，也希望其能交代出更多线索，协助解救更多孩子。吴飞龙拐走两个孩子各14年，却没有一丁点儿“将功赎罪”的表现，加之其犯下的案子受到较大关注，又遇上“严打”时期。我和张宝艳当时都猜测，他很有可能会被判处死刑，以儆效尤。显然，吴飞龙只有被重判，才能震慑更多犯罪分子使其主动投案自首、主动交代犯罪事实。

然而，2022年6月我收到一份来自深圳市南山区人民法院的量刑建议书：“被告人吴飞龙涉嫌拐骗儿童犯罪，吴兆光涉嫌窝藏、包庇犯罪一案，经本院审查认为，被告人吴飞龙、吴兆光的行为分别触犯《中华人民共和国刑法》第262条、310条之规

定……鉴于被告人吴飞龙拐骗两个儿童，性质恶劣，建议对其判处五年有期徒刑；鉴于被告人吴兆光系累犯，建议对被告人吴兆光判处二年六个月有期徒刑。”

这份量刑建议书的内容让我如遭雷击，久久无言。

我和彭冬英两个人长达14年的噩梦仅用人贩子5年的牢狱来偿还，这就像一个笑话。这份量刑建议书也引起广泛讨论，群情激愤。

我们发现，对于拐卖妇女、儿童罪，2022年最新版的《中华人民共和国刑法》中的规定如下：

第二百四十条 【拐卖妇女、儿童罪】拐卖妇女、儿童的，处五年以上十年以下有期徒刑，并处罚金；有下列情形之一的，处十年以上有期徒刑或者无期徒刑，并处罚金或者没收财产；情节特别严重的，处死刑，并处没收财产：

（一）拐卖妇女、儿童集团的首要分子；

（二）拐卖妇女、儿童三人以上的；

（三）奸淫被拐卖的妇女的；

（四）诱骗、强迫被拐卖的妇女卖淫或者将被拐卖的妇女卖给他人迫使其卖淫的；

（五）以出卖为目的，使用暴力、胁迫或者麻醉方法绑架妇女、儿童的；

（六）以出卖为目的，偷盗婴幼儿的；

（七）造成被拐卖的妇女、儿童或者其亲属重伤、死亡或者其他严重后果的；

（八）将妇女、儿童卖往境外的。

拐卖妇女、儿童是指以出卖为目的，有拐骗、绑架、收买、贩卖、接送、中转妇女、儿童的行为之一的。

…………

第二百六十二条 【拐骗儿童罪】拐骗不满 14 周岁的未成年人，脱离家庭或者监护人的，处五年以下有期徒刑或者拘役。

因此，犯拐卖儿童罪者最高可被判处死刑，而犯拐骗儿童罪者最高可被判处五年以下有期徒刑。吴飞龙不承认与买家有金钱交易，时间久远，警方也没有找到交易证据，只能将其犯罪行为定性为“拐骗儿童罪”。吴飞龙甚至声称，他只是看人家没有儿子，“想做点好事”。

吴飞龙的说辞固然离谱，可问题的关键不在于他是否收了钱，而在于他拐走了两个孩子。我认为无论“拐卖”还是“拐骗”，其本质是“拐”，其造成的伤害和社会影响并无区别，这是同等严重的犯罪行为。此外，公开审判不仅仅是为了帮受害者讨回公道，还为了让犯罪分子知道，让全社会知道，犯下这样的罪行将会受到何等严厉的制裁。可是五年的量刑对得起这项罪责吗？吴飞龙的“同事们”听说了他的下场，究竟是会恐惧、忏悔，还是会纷纷窃喜？

我怀着无限悲哀和愤怒不断向社会发声。我深知推动法律条款的修正非常艰难，但我们了解到，引起较大社会争议的事件可以直接通过最高人民检察院和最高法院请求修正相关法律条款，比如2003年《城市流浪乞讨人员收容遣送办法》的废止就是一个例子。因此，我坚信正义不会缺席，只是还在路上。

也是在6月，我接触到一件令人毛骨悚然的拐卖妇女、儿童积案。1981年，蔡右群5岁，被拐卖到福建屏南县。其母亲、姐姐和弟弟也同时被拐卖到不同地区。一家五口人竟被拐卖四口！41年后，蔡右群还能够说出两个人贩子的名字，其中一个是他们当年的房东。房东把蔡右群的父亲骗出去打工，然后将母亲和三个孩子分别出卖。40多年来，她多次恳求房东告诉她自己的家人被卖到了哪里，始终无果。直到2017年，蔡右群终于找到了亲生父亲，父亲却在两年后怅然离世。临终前，父亲嘱咐她，一定要找到失散的亲人。

2022年6月23日，我和上官正义、杜小华一起来到福建屏南县时，我们听说蔡右群的弟弟已经在福建莆田被找到了。当地公安机关为这对分别41年的姐弟安排了简单的认亲活动。

可是到了认亲当天，我们发现弟弟似乎并不是很愿意见到姐姐。

几番询问之后，他告诉我们："我记得很小的时候养父母就跟我说过，亲生父母给他们留了一张字条，字条上明确写着'因为家中困难，现自愿将孩子卖出'。我还亲眼看过那张字条，一直都恨我的亲生父母，是他们把我卖掉的。"

我们面面相觑，试图劝他："你一直以为自己是被亲生父母卖

掉的，可是事实是连你妈妈都被卖掉了——这个警方肯定也告诉你了。你爸爸也一直坚持寻找到他去世……你觉得这张字条能是谁写的呢？”

在我们看来，事实是显而易见的。可是弟弟大半辈子都对那张字条深信不疑，它已经成了根深蒂固的执念，成了他唯一能接受的“真相”。面对泣不成声的姐姐，他一直面无表情，甚至有所抗拒。那场面让我感到沮丧和悲凉，却无力责难。

后来我问蔡右群：“你连人贩子姓甚名谁、家住何处都知道，为什么不找警方协助调查，还得靠你给人贩子下跪求助呢？”

蔡右群说：“案子已经过去41年了，早就超过了为期20年的刑事追诉时效。为了节约查案的人力、财力，超过20年的旧案就不会再有人继续追查下去。”我这才了解到，犯罪分子的犯罪行为已经超过《中华人民共和国刑法》规定的追诉时效的，就不再追究其刑事责任，但是若20年以后认为仍必须追诉的，必须报请最高人民检察院核准。

现实是冷酷的。如果一个人被寻找的期限只有20年，那么成千上万的孩子都已经“过期”了。可是很多时候，人比现实柔软，又比时间更坚强。41年了，蔡右群还在独自拼凑一个被“五马分尸”的家。

后来，上官正义提出去人贩子家里看看。于是蔡右群带着我们在偏僻、错杂的巷道中穿梭，她对路线十分熟悉。到了人贩子家中，只见一个老婆婆正坐在门口。

“阿姨，在家里啊。”蔡右群熟络地打起招呼，就像问候自己

的邻居。

“不认识你啊，你是谁啊？”老婆婆很反感我们的到来。

“我来过好多次啊。”

“你还来找我们做什么？”老婆婆转而承认了，恼怒道：“他把你卖到屏南，你不是过得很好吗？”

闻言，杜小华哭笑不得：“你把人家5岁的孩子卖做童养媳，难道还要人家感谢你吗？”

蔡右群告诉我们，买下她的人也就是她后来的“公公”。她曾逃跑过几次，每次都会被抓回去，还要挨一顿毒打。

公公说：“我花了300块把你买回来，你还敢跑。”

1981年我刚上小学，连2块钱的学费都交不起。或许300元确实很多了，竟足以买下一个人的一生……

我们到屏南的第二天，蔡右群的姐姐就被找到了，至今只有她的母亲怎么也找不到。我们猜测母亲当年被卖作人妻，应该被限制了人身自由，也担心她没有长寿的好运，可能已经去世了。对于蔡右群母亲的下落，我们只有祝福。至于那两名接连出卖了一家四口的人贩子，却始终逍遥法外，从未承担任何法律责任。因为他们犯下的罪行已经“过期”。

2022年4月，“两高一部”敦促拐卖妇女、儿童的嫌犯在7月前自首，称可减轻处罚。我们曾为这个消息激动不已，奔走相告。可是回过头来才发现，哪有人贩子会为了减轻处罚而甘愿自首呢？到了7月，果然一个投案自首的人贩子也没有。即使人贩子“不幸”被捕，案件又“不幸”在20年追诉期之内，只要人贩

子一口咬定没有金钱交易，最高也只会被判处五年有期徒刑。在法律的“围堵”下，人贩子或许比寻亲者更容易“重获新生”。

蔡右群一案后，我和杜小华、上官正义又多次跑到福建落实线索，寻找被拐的孩子。我们向莆田警方提供了多条线索，警方积极配合排查，一查一个准。其中，上官正义提供的一条线索，解救了在昆明丢失又被卖到福建莆田的梅志强。在去往梅志强家的路上，我们惊奇地发现，原来早在 2014 年，上官正义就曾解救过另一个福建莆田的孩子，那个孩子竟然就是梅志强在买家的堂哥。

后来我听说，接连救走两个被拐儿童对这户买家的奶奶打击很大。她又哭又闹，寻死觅活，精神濒临崩溃，疯狂要求前来做笔录的警察归还她的宝贝孙子。这让我们非常愤怒，也深感悲哀。

那段时间，还有一条指向福建三明的线索令人惊疑，消息称三明“捡孩子”成风，我们三人立刻赶到了那里。到了当地某派出所，果然看到门口赫然张贴着一张告示，大概内容是说一对夫妇 2017 年在江西吉安泰和县“捡拾”到一男孩。“捡”到孩子 5 年后又来派出所要求出公告，显然是为了给孩子进行户口登记。

我们质问派出所的一位民警：“你们怎么确认是捡的呢？”

“他们说是捡的啊。”

“……他们说在哪儿捡的就是在哪儿捡的，可以听这种一面之词就给来历不明的孩子进行户口登记？”

“难道我们要跑到江西去落实吗？有的说在海南捡的，有的说在黑龙江捡的，我们都去一一落实？”

“说是在江西捡的，那就只有在江西当地警方可以落实后出这个公告。”

这位民警认为我们在无理取闹：“我们三明很多是这样的。我们不给他上户口，这个孩子怎么上学？你说？我们把他送到哪里去？”

我们想说，即使孩子是被父母卖掉的，那么亲生父母卖孩子是犯罪行为，买家买孩子也是犯罪行为。退一万步，即使孩子真的是被遗弃的，那么亲生父母也犯了遗弃罪。无论如何，“捡孩子”都不可能在不经调查的前提下就被合法化，来历不明的孩子也必须被送到福利院，通过正规手续领养。

可我们哑口无言。面对这样荒唐的情况，说什么都像是自言自语。

多年来，我们只知道有买家通过购买出生医学证明为来历不明的孩子违法进行户口登记。早在2014年，我们到福建长汀落实线索时，就接触到了医院贩卖出生医学证明的黑色秘密。经过2年的卧底调查，上官正义在2016年举报河南商丘市妇幼保健院流出出生医学证明共计4 885份，这些文件多数被贩卖到福建为来历不明的孩子“洗白”身份。当年，商丘市妇幼保健院声称这些文件是被盗，经媒体报道后，警方也成立了专案组，然而此案至今没有进展。4 885份出生医学证明流出，但没有找到一个窃贼或是一个贩卖者，也没有解救一个孩子。

出生医学证明属于具有法律效力的医学文书，“参与对其买卖的医护人员、中介，都涉嫌变造买卖国家机关证件罪”，但对于这项违法犯罪行为的打击力度仍待加强。直到2021年9月27日，

中国政府网公布的消息显示，国务院印发的《中国儿童发展纲要（2021—2030年）》提出："坚持和完善集预防、打击、救助、安置、康复于一体的反拐工作长效机制，继续实施反对拐卖人口行动计划。有效防范和严厉打击借收养名义买卖儿童、利用网络平台实施拐卖人口等违法犯罪行为，加大对出卖亲生子女犯罪的预防和打击力度，完善孕产妇就医生产身份核实机制，完善亲子鉴定意见书和出生医学证明开具制度，落实儿童出生登记制度。"

这是一个振奋人心的好消息，严格的户籍管理制度是打击拐卖妇女、儿童犯罪的必要措施和根本。但是到了2022年，上官正义依然在坚持追查和打击出生医学证明的贩卖链条，近日还发现不法分子在短视频平台通过贩卖出生医学证明"洗白"涉拐儿童身份的违法行为，而我们也见证了福建三明的警方在不经调查的前提下就出公告协助"捡孩子"者进行违法登记户口的乱象。以"捡孩子"为由不经过其他法律程序而直接登记户口，无异于零成本犯罪。可见《中国儿童发展纲要（2021—2030年）》提出的内容还没能引起社会足够的重视。

在很长的一段时间里，我无法忍受深圳街头人来人往的景象。一个"捡"字深深刺痛了我。看到有孩子经过，我就想着他可能被人"捡"走，看到几个年轻女子结伴走过，又想到她们也可能随时被人"捡"走做老婆。那些迈着双腿移动的，会说会笑的，难道都不是活生生的人？难道他们其实都是陈列在人间的琳琅商品？人贩子到街上"进货"的时候都是怎么挑选这些商品的？我感到一种难以压抑的恐慌。

2022年对我来说应该是圆满的一年，可它依然充满缺憾，让我时时对自己周身的世界感到不忍直视。我是不幸的，却也是幸运的。在我们一家团圆的“结局”之外，“天下无拐”还是一个稍显遥远的梦想。

杜小华还在寻找小米奇，郑进伟还在寻找波浪形鼻孔的郑楚泽，雷公时不时就像煞有介事地告诉我他找到了“高度疑似对象”，2007年被人开面包车抢走的叶锐聪到底被抢到了哪里？杜思思的妈妈每天都在短视频平台直播寻找爱女。元元、豆豆的妈妈哭了25年，眼泪早已流干。罗妙全丢失时6岁，现在38岁，她的妈妈已经寻找了32年。陈升宽还在爬过这片悲伤的土地。土地之下沉睡着杨素慧。对于这人间的情状，杨大姐泉下有知否？新案还在发生。童芸婧、童仁谦两姐弟在2019年同时失踪，他们的父母是“90后”，是我所认识的最年轻的寻亲家长。“90后”在我眼中已经是下一代人了，连我的下一代人都走在这条无穷无尽的路上……

我打开那份记载了三千多个名字的名单，伸出手指，一个个抚摸过去。那些名字多么微不足道，在一个最不重要的角落，发黄、褪色，被遗忘。这些名字随风飘荡，无知无觉，无声无息，却把一切都淹没了。好像雪落了一夜，落得整个世界茫茫一片白，空无一物。许多失去记忆的人纷纷走出门，摸索着蹒跚而行。有人见雪花落下来，就忽然泪水涟涟。他们把什么都忘了，只记得自己要找到一样珍贵的东西。那到底是什么东西呢？

当人都成了商品，我们丢失的究竟是什么？

我把名单合起来，依旧存放在那沓遗留下来的资料里。故事没有讲完，也永远讲不完。多年以后，这些纸张会被蛀坏，名字也会被我渐渐遗忘。但是在这人世间，一定会有人日夜呢喃这些早已被剥夺和被抹去的名字，直到我们都变成墓碑。可是墓碑之所以存在，就是为了铭记。可见什么都未曾消失，不过是被大雪掩盖了。总有一个明天会积雪尽消，到那个时候，我们抬头一看，只见每个人手里都举着火把。

后记

写作对我来说是一件很神圣的事，无论是在以写作为梦想的学生时代，还是在今天。

写这本书的初始，我对自己充满了怀疑。我怕自己没有能力讲好这个故事，怕自己会消减它本身的意义，或者挖掘不出它应有的内在力量。我怕我“浪费”了它，又怕我“利用”了它。

因为在写第一个字之前，我就知道这本书可能会被许多人读到，这给我带来了很大的压力。

我但愿自己的工作能给它带来足够的价值，无论是社会价值还是文学意义上的价值。但是对于这个厚重的故事来说，我缺乏社会经验，缺乏写作训练，缺乏法律知识，缺乏成熟的道德思考，缺乏针砭时弊所需的社会洞察力。这让我很痛苦，也成了驱使我快速进步的动力。我要额外感谢我的编辑老师程利盼，她向我提出了不少有效的、敏锐的意见，且几度不吝于肯定和鼓励我。很

快我意识到，我有能力讲述这个故事，更重要的是，我有责任讲述它。

我不是故事的局外人，我是这个悲喜剧世界内部一粒隐隐作痛的沙。

除了母亲，几乎没有人比我更熟悉我笔下的主人公孙海洋。我 24 岁，父亲寻找弟弟的旅途倾轧过我大半的生命历程，是我成长的纹路。这个故事脱胎于他，是他所见所闻、所思所想，是他的双手所造、脚步所及谱写出了这个故事。他用朴实有力的语言将故事讲给我听，不仅仅在成书之前，也在这漫长的 14 年又 57 天当中。我必须承认我并没有努力将个人感情隔绝在写作之外，我甚至几度在写作过程中忽然停下来大哭不止。这也导致我没能将故事讲得足够克制，但我想这种感情并非多余。既然我无法从中抽身，就尽全力发出真诚的声音。

从某种意义上来说，在找到弟弟孙卓之前，写下这本书就曾是我的一个小小的梦想。

2020 年 9 月 15 日，我曾在日记里写下过这样一段话："打造一个全无希望的心境，相信自己什么都做不到，这就是我面对一切之前首先去做的事。我和他完全相反。这就是为什么有时候我突然很惊讶，意识到他的脊梁骨也是脆弱的钙质，而非某种生猛不可欺的金属。我无法想象有一天那种力量不再像既枯又荣的野草一样野蛮生长，脊椎也在 27 小时的站立中折断了，我害怕他身边没人能接下他的担子，哪怕一天。每一次他跟我讲故事，我从头沉默到尾，但每个细节我都记得。照理说我应该把它们全部写

下来，毕竟那也与我有关。可是在那之前我认为自己是做不到的，即使做到了，好像也没有意义。”

那是孙卓被拐的第13个年头，可见我感到一切何其灰暗，但他从未灰暗，他一直有照亮前路的火把。我万不能想到，就在次年，一切都发生了天翻地覆的改变，我的世界乍然放亮。孙卓能够回家，除了父亲的寻子精神，更离不开警方14年来的不懈努力，也要感谢媒体、社会各界打拐人士及无数热心人的关心和帮助。

在写作过程中，有两种关系是我想要深入探索和传达的。一是真实与虚构的关系，二是人与社会的关系。对于第一点，我深知自己必然有立场之局限，但求在写作过程中尽我所能还原既有的事实。我希望能够像书写历史一样客观地记录真实、剖析真实、刺破真实。但这个故事也必须具有文学性，具有细节、想象和象征，这些东西才能带来可读性。我认为可读性并不会减损严肃的意义，反而有能力呈现深藏于真实内部的力量。对于父亲，我也不愿刻意塑造他，我更愿意“还原”他。多年来，许多热心人称他为“打拐英雄”，其实“英雄”这个名号对普通人来说是值得警惕的。我在写作的过程中想到，他所发出的声音不应该是英雄的哀鸣，而是“人”的哀鸣。人走过大地，留下深深浅浅的渺小脚印，这比英雄的呼号更动人。也只有看到具体的人，我们才能直面具体的困境。

至于第二点，我想我努力的痕迹是很明显的。我想讲述的并不是关乎一个孩子、一个家庭、一个案件的故事，而是关乎千千万万寻亲者，关乎社会甚至时代的故事。通过一粒灰尘漫长

漂流和得以落地的历史，我们能够窥见“60万粒灰尘”的历史。个体的命运是时代的形象，每一笔无论如何微不足道、无人知晓，都应该掷地有声。所以我试图以父亲为中心，像树木的根须寻找水源一样努力去触碰更多故事，也试图将故事的镜头拉远，让父亲偶尔成为画面上一个小点，把余下的景观留给更宏观的哀痛。

20世纪90年代，农民进城务工成为热潮，人口流动性剧增，全国各地暴发大量拐卖妇女、儿童案。从内部看，重男轻女、养儿防老、传宗接代、多子多福等保守的思想观念是酿成悲剧的内因，而从外部看，法律存在漏洞，基层执法不严，户籍管理混乱，这些都是显而易见的问题。幸运的是，我们已经可以清楚地看到一切在进步之中，比如2009年之后立案制度的明确变革。到今天，公众对拐卖儿童问题的广泛关注和深度共情也让我们有理由相信，落后的观念正在渐渐淡出我们的视线。试想，如果有一天，比起村里某户人家没有儿子，人们更乐于议论和痛斥“买孩子”的行为，这对抑制拐卖儿童犯罪会有何等奇效？

然而，将社会进步的希望寄托于道德自律无疑是一种倒退。在中国建设法治社会的进程中，相关法律法规的不断完善才更值得我们翘首以盼。

回过头来，犹记得在写作的初始，我打下的第一行字不是故事的开头，也不是大纲，而是对自己的一句总的提示：绝望之下，希望尚存。故事本身我了然于心，但我希望它被讲述的基调如此。时间不停流动，历史的车轮滚滚向前，万事万物永远在动态变化之中，因而人类历史上没有任何一个时刻能够拥有彻底的、完全

的绝望，永远存在“柳暗花明又一村”的机会。有人说活着本身是一种对绝望的抵抗、对命运的抵抗，我看死亡本身也同样是抵抗。自古也不乏以死抵抗者，尤其在中国人的文化里，我们早有哪吒剔骨还父、割肉还母的抵抗，有项羽自刎、屈原投河的抵抗。杨素慧逝世后，连她的墓碑都在无声抵抗。当我们走出命运的囚室，会发现一个黑暗的夜背后始终有黎明在等待。它会从一线天光中挣扎出来，越来越明亮，越来越明亮，让我们双目刺痛，满含泪水。写到这里，我内心激荡。我相信命运绝不是在压垮人的时候才成为命运，而往往是在人奋起抵抗的时候，它才成为命运。

附录

二〇〇五年——二〇二一年

1 岁半

29 岁的彭四英去看望孙卓，当时他正由奶奶照顾着。

▼

▲

3 岁

孙卓比着“V”的手势，这张照片曾被印在至少几十万份寻人启事上。

▲

2007 年 8 月

孙卓被拐两个月前的暑假，一家四口留影于深圳荔枝公园。

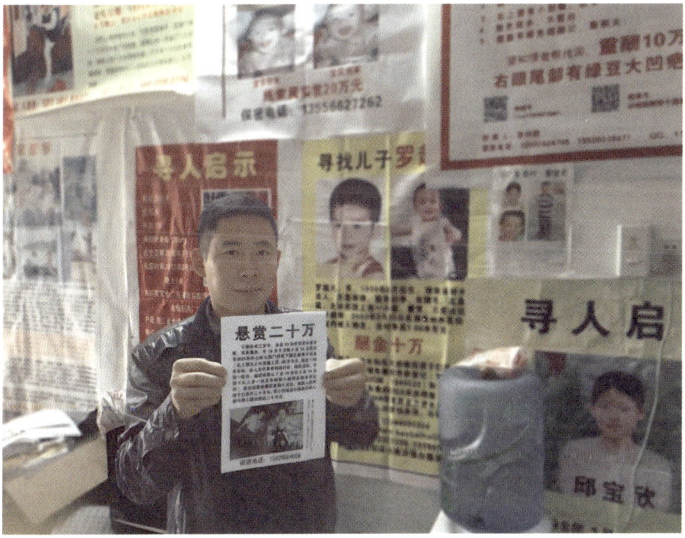

▲

郑楚泽家中，四面墙壁贴满了寻人启事，这是一个小小的“寻子展览馆”。

青年孙海洋走上了一条自己未曾设想过的道路。

14个年头
是无声的，却有痕迹。
这张脸被岁月之手慢慢揉皱了。

2022 年

孙卓回家后，孙海洋和杜小华的合影。希望杜后琪早日回家。